阿拉伯联合酋长国

UNITED ARAB EMIRATES

《中国公民出游宝典》编委会　编著

中国公民
出游宝典

测绘出版社

《中国公民出游宝典》编委会

顾　　　问：刘振堂　刘一斌　杨伟国

编委会主任：高锡瑞

编委会成员（排名按姓氏笔画）：

万经章　王雁芬　卢永华　石　武　刘一斌

刘志杰　刘振堂　许昌财　江承宗　李玉成

吴克明　杨伟国　时延春　胡中乐　赵　强

高锡瑞　黄培昭　甄建国　潘正秀　穆　文

人文地理作者：杨伟国　王雁芬

资讯提供（部分）：迪拜旅游局

资讯整理：刘淑英　王　娜

总 策 划：赵　强

责任编辑：赵　强

执行编辑：刘淑英

地图编辑：刘淑英

责任印制：陈　超

装帧设计：锋尚设计

图片提供：迪拜旅游局　微图网　杨伟国

总　序

当今的中国已成为世界上顶级旅游大国之一，迄今我国已批准了140多个国家和地区为中国公民自费出境旅游的目的地，出境旅游的人数急剧上升，2012年全年已超过8300万人次。这就意味着我国的境外游已达到"升级换代"的阶段。至少对那部分有更高要求的游客，必须有新的旅游产品来满足他们新的需求。

中国地图出版集团旗下，测绘出版社文化生活出版分社组织编写的《中国公民出游宝典》系列丛书生逢其时，丛书由"人文地理"、"旅游资讯"、"地图导览"三部分组成，具有权威、代表、专业和针对性四大特点。这恰恰是面向中高档次的出境游客的一套货真价实的高端旅游丛书。

一、权威性。参与撰写"人文地理"的作者为我国前驻外使节及其他资深外交官。他们长期从事外事工作，不但熟悉驻在国（地）的地理环境、自然风貌，而且深谙当地的文化习俗、风土人情、历史沿革和特质长项。这些作者多为外交笔会成员，有写旅游丛书的经验，行文严谨、准确、细腻、耐人寻味咀嚼。所以，本丛书提的口号是"大使引路，游客追捧、跟着外交官游世界"是恰如其分的。

二、代表性。在世界200多个国家和地区中，精选出十几个国家和地区，其前提是旅游资源十分丰厚。我国开放出国旅游以来，中国游客青睐、向往之地，在人文、地理、自然、物产和良风益俗诸多方面具有独到之处，在地区或世界上颇有知名度，适宜较高品味的旅游享受。

三、专业性。由权威的旅游专家提供合理的旅游实用资讯，丛书配有执笔者与相关驻华旅游局提供的旅游目的地最新照片，进而图文并茂，游客可未到先知，扩大了选择的余地。抵达后"按图索骥"，更会加深美好的印象。特别值得一提的是，测绘出版社作为本丛书的策划者还提供了详实的旅游地图，方便游客的出行。

四、针对性。在我国经济与社会发展到当今的水平，中高档的出国旅游者，远不满足于浮光掠影、走马观花式的普通游览，提高知识性、趣味性、舒适性成为中高档游客的普遍诉求。故本丛书刻意着墨于"景点背后的故事"，以作者的感悟归纳与凝练，尽量做到简洁明快，易记好懂，令旅行者阅后观实景有如穿越时空的隧道，尽享上品的快意与雅趣。

旅游是一部永远读不完的百科全书。洞悉目的地国或地区的方方面面，本身就是对别人的一种尊重与欣赏。而当地人自然也会通过我们这些来自中国的游客，哪怕只是一颦一笑、举手投足，都可窥见中国人及其国家的品位、风貌和素养。坦而言之，出版这套丛书有着双重初衷，既为中高档游客提供更多便利，也为我国游客在国门之外的言行举止称得上"中高档次"而提供帮助。让旅游目的地国在分享"旅游红利"的同时，也通过我们的游客分享我国的成长、进步与文明的果实。

刘振堂*

2013.6

* 中国资深外交官，中东问题专家，前驻伊朗、黎巴嫩大使

序

阿拉伯联合酋长国是一个以产油著称的中东沙漠国家，也是一个地道的伊斯兰穆斯林国家。70年代初期，正值阿联酋成立之时，阿联酋同其它石油输出国组织成员国一起进入了自己掌握本国石油工业、自己确定石油价格的新阶段，石油业成为阿联酋经济发展的支柱产业。

我们走进这个"油气老大"国门的时候，更多的原因是对阿联酋这个沙漠国家几十年间发生的巨变产生了极大的好奇。昔日的荒沙变成了绿洲，小渔村变成了现代城市，荒芜的海滩建设了如此美轮美奂的岛屿、酒店、度假村……四十年的功夫，阿联酋创造了无数个世界之最，成为了世界建筑师的乐土，阿联酋人民和生存在这块土地上的世界人民享受着高品质的生活。可以说，人们从降落到阿联酋机场开始，就忘记了这是一个沙漠国家。因为这里眼中看到的一切与西方国家毫无区别，不同的是这里别具中东风情，是个旅游度假休闲的好去处。每年有数百万游客或商人纷至沓来，流连忘返。

我们前后累计在阿联酋工作了7年半，亲身经历和目睹了阿联酋发生的巨大变化，但这次受托撰写此书时，仍感力不从心。主要原因是阿联酋的发展日新月异，很多情况和信息变化太大，生怕自己由于资料有限和了解情况片面而负于读者。我感谢阿联酋驻巴林大使阿卜杜勒-阿齐兹阁下向我提供了数本关于阿联酋旅游和建设等方面的书籍和资料，加之前年我又专门重返阿联酋，进行亲身体验与实地考察，现将此书奉献给读者。不妥与欠缺之处，望读者见谅。

杨伟国　王雁芬

2012年7月15日于北京

目　录
CONTENTS

PART 1

人文地理

经济发展 015

阿联酋文化 022

城市介绍 068

名胜古迹 092

作者建议 136

旅游资讯 140

签证信息 142

最佳旅游季节 144

实用信息 144

人文地理

阿拉伯联合酋长国　United Arab Emirates

波　斯　湾
Persian Gulf

伊　　朗
IRAN

拉万岛

基什岛

赖坎角

莱凡角

贾济雷希夫岛

阿布穆

巴林
BAHRAIN

卡塔尔半岛　哈卢勒岛

卡塔尔
杜汉
Dukhān
QATAR

多哈
★ AD DAWḤAH

达斯岛

锡尔阿布努艾尔岛

米纳杰贝勒
Mina Jebel

盖纳代角
塞姆海
Al Samha

基拉奈
Al Kir'ānah

乌姆赛义德
Umm Sa'id

希拉奥岛

盖尔奈因岛

济尔库岛

代伊奈岛

阿尔宰奈岛

阿布扎比
ABŪ DHABI ★

拜尼亚斯
Bani Yās

盖法伊岛

代勒马岛

穆塞费
Musaffah

欧代德

锡尔巴尼亚斯岛

亚萨特岛

鲁韦斯
Ruweis

阿布艾卜耶德岛

迈拉维赫岛

阿拉伯联合酋
UNITED ARAB EMIRA

侯姆

比季兰井

盖耶西

米尔费

泰里夫
Tarif

沙米斯

拜　努　纳
Baynūnah

锡莱
As Sila'

沃西阿井

阿塞卜
'Aşab

吉尔万
Jirwān

迈堤盐沼
Sabkhat Maţī

塞尔瓦尼耶

阿拉代
'Arādah

宰夫拉

希斯

利瓦绿洲
Al Liwā'

朱赖拉
Jurayrah

巴德
Al Ra

海奎龙

舒特努井

萨纳姆
Aş Sanām

迈哈基克
迈姜佐德井

沙　特　阿　拉　伯
SAUDI ARABIA

基丹
Al Kida

杜书里斯井

谢
'Urū

里　马　勒　沙　漠
Ar Rimāl

阿巴斯港
Bandar 'Abbās
56°

霍尔木兹海峡
Strait of Hormuz

十姆岛

通布岛

舍阿姆
阿曼
OMAN
穆桑代姆省
MUSANDAM
26°

哈伊马角
达郡

喷特哈姆拉
代德奈
Rul Dadnah

盖万
迦
jah
海夫特
豪尔费坎

阿治曼
'Ajman
迈萨菲
富查伊拉 Al Fujayrah

宰德
比斯奈
凯勒巴

哈拜
Al Bithnah

Al Haba

费盖
Al Faqq

希纳斯 Ash Shinaṣ

阿曼湾
Gulf of Oman

苏哈尔
Suḩār

艾因
法 Al 'Ayn
海勒
24°

宰拜
a'bah

漠
n

北回归线
Tropic of Cancer

迈纳迪
Al Manadir
伊卜里 Ibri
巴特遗址
拜赫莱要塞

阿
曼
OMAN
艾
因
河

鸟姆祖穆勒

佤穆勒
az Zumūl

欧迈里河

22°

漠
ah

乌姆塞米姆盐沼
Imm as Samīm
56°

图　　例

⊛ 首都
◎ 重要城市
⊙ 一般城市
○ 城镇
-·-·- 国界
- - - 未定国界
━━ 高速公路

━━ 公路
━━ 大道
时令河
干河
沙漠
世界遗产
✈ 机场
⚓ 港口

比例尺 1：3 850 000

基本概况

1. 国名

阿拉伯联合酋长国（The United Arab Emirates），人们通常简称其为阿联酋。

2. 位置

位于阿拉伯半岛东部，从西面的卡塔尔半岛底部开始，向东亚延伸到穆桑达姆半岛，处于海湾的中段。西北与卡塔尔为邻、西部和西南与沙特阿拉伯交界、东部和东北与阿曼毗连，东临霍尔木兹海峡和阿曼湾，北濒波斯湾。海岸线长734千米，是海湾与印度洋之间的海上交通要冲。

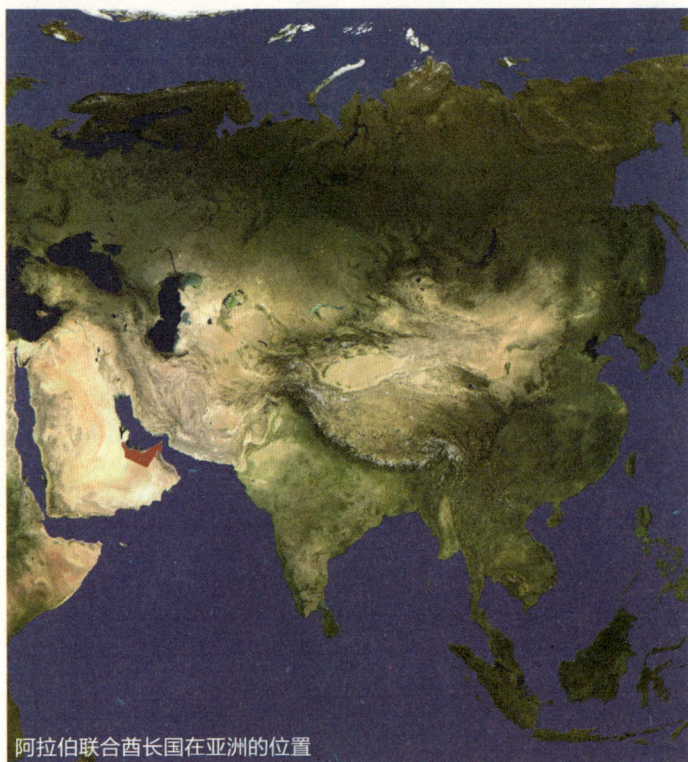

阿拉伯联合酋长国在亚洲的位置

3. 首都

阿布扎比。

4. 面积

阿联酋的总面积为83 600平方千米，其中包括沿海200多个岛屿。

5. 人口与民族

840万人，外籍人占88.5%，主要来自印度、巴基斯坦、埃及、叙利亚、巴勒斯坦等。

6. 语言

阿拉伯语为官方语言，通用英语。

7. 节日

1月1日新年元旦，1月20日先知升天日，4月7日回教新年，6月16日穆罕默德诞辰日，6月21日回历年首，8月6日阿布扎比酋长登基日，8月29日伊斯兰教先知诞辰日，12月1日阿联酋联邦政府建立纪念日、12月2日阿联酋国庆节，12月10日阿联酋建军节，伊教历10月1日为开斋节、伊教历12月10日－12日为宰牲节、伊教历9月为斋月。

8. 国旗

阿联酋的国旗由红、绿、白、黑四色组成。靠旗杆一侧为红色垂直长方形，右侧旗面自上而下由绿、白、黑三个平行长方形组成。红色象征祖国、绿色象征牧场、白色象征成就、黑色象征战斗。

9. 国徽

主体是一只黄色的隼，隼胸前有一艘行进的帆船，象征国家的航海史。隼爪下的红色底座上用阿拉伯文写着"阿拉伯联合酋长国"。

10. 国歌

《万岁祖国》（Ishy Bilady）是阿联酋的国歌，阿雷夫·阿尔·舍伊克·阿卜杜拉·阿尔·哈桑词，萨德·阿卜杜勒·瓦哈卜曲。歌词大意是：

万岁祖国，万岁联合的酋长国！

伊斯兰是信仰，古兰经是依托。

为真主，我要使你更强盛啊祖国。

祖国，祖国，祖国，祖国，

真主保卫你远离恶魔，

我们誓要建设和劳作，

真诚劳作，真诚劳作，

活着就真诚磊落。

平安持久，国旗永飘酋长国，

它象征着阿拉伯。

我们为你奉献，鲜血为你准备着，

我们愿献上魂魄啊祖国。

11. 国花

孔雀草，又名小万寿菊、杨梅菊、臭菊、红黄草，为一年生菊科畏寒草本花卉。

12. 行政区划

全国分为七个酋长国。（见表）

酋长国名	首府	面积（平方千米）
阿布扎比（Abu Dhabi）	阿布扎比（Abu Dhabi）	73 060
迪拜（Dubai）	迪拜（Dubai）	3 900
沙迦（Sharjah）	沙迦（Sharjah）	2 600
哈伊马角（Ra's al-Khaimah）	哈伊马角（Ra's al-Khaimah）	1 700
富查伊拉（Al Fujairah）	富查伊拉（Al Fujairah）	1 300
乌姆盖万（Umm al Qaiwain）	乌姆盖万（Umm al Qaiwain）	780
阿治曼（'Ajman）	阿治曼（'Ajman）	260

自然地理

1. 自然地理环境

阿联酋的陆地形状犹如半张展平的山羊皮。东北部有连绵的山脉，最高峰伊比尔（Yibir），海拔1 527米。北部沿海为平原，绝大部分地区是海拔200米以下的草原和沙漠。

阿联酋七个酋长国地处阿拉伯半岛朝东一侧的三角地带，位于阿拉伯半岛的海湾入口。这里由于干旱少雨，没有一条常年流水的河流，只有以往遗留下来的干涸河道，个别干涸河道在雨季时偶尔会出现较大水流或细流。

阿联酋属于热带沙漠气候，夏季炎热潮湿（5—10月），气温高达40℃—50℃，冬季（11月至翌年4月）气温7℃—20℃，偶有沙暴。沿海、内陆沙漠地区和高山丘陵地带之间的气候差别很大。沿海地区湿度大，有时达90%以上；沙漠地区气温高，有时高达50℃以上；山区和丘陵地区则气候温和。阿联酋有春季季风和夏季季风，前者干爽，后者潮湿。阿联酋雨量稀少，平均降水量约为100毫米，多集中于每年的1—2月之间。

迪拜鸟瞰

2. 动物的乐园

阿联酋动物种类繁多，主要有单峰骆驼、阿拉伯马、野牛、羚羊等。崎岖的山坡和岩石峭壁为阿拉伯半岛的豹、塔尔羊和狞獾提供了独特的避难处。比较常见的有阿拉伯半岛或山地的羚羊、野兔、狐狸、野猫、刺猬、跳鼠、沙鼠等适合沙漠生长的小哺乳动物，以及许多爬虫类和昆虫。在这里，一些濒危野生动物也得到了有效的保护，曾在阿拉伯半岛上栖息的野生物种阿拉伯长角羚，20世纪60年代初期在自然环境中已经灭绝，之后经过人工圈养繁殖取得成功，数量约达3500到4000只。2007年初为了更好地发展它们，特地将100只长角羚重新放归野生环境。另外，濒于灭绝的细角瞪羚，在阿布扎比南部地区也偶尔可以看到它们漂亮的身影。栖息于砂砾平原、沙漠和高山的阿拉伯瞪羚、阿拉伯塔尔羊、阿拉伯豹等濒危野生动物在阿联

单峰骆驼

单峰骆驼

酋境内有广泛分布。

阿联酋还是一个看鸟的好去处。目前已经发现的有400余种鸟的品种，其中90种是非候鸟，其他为候鸟和冬季来越冬的鸟类等。

优美的自然环境为鸟类提供了很好的生存空间，在人们生活的城市里，到处可见自由飞翔的各种鸟类，如：鹦鹉、斑鸠、鹌鹑、戴胜鸟、海鸥、鸽子等，还有一些叫不出名字的非常漂亮的鸟。它们栖息在家庭庭院内的树丛中、房檐上，甚至大白天就停留在路旁的沙地、草坪或石头地上。

3. 海洋环境资源

阿联酋海湾拥有丰富的海洋和渔业资源。自古以来，阿联酋沿海渔民就靠捕鱼、采集珍珠和海运为生。从阿布扎比到沙迦的岛屿，从海岸到水深40米的海域有许多采珠场。沿海现已发现鱼类、水生物3 000多种。鱼、虾、贝等海产品不仅能自给自足，还能大量出口。

阿联酋的海洋和海岸线也孕育了大量的野生动植物。浅滩上的红树林不仅保护海岸不受侵蚀，而且为许多甲壳纲的动物、鱼和其他野生生物提供了重要的栖息地。东海岸的珊瑚礁和近海的海湾有种类繁多的鱼类，从微小

阿联酋自然保护区

捕鱼

金枪鱼

鲸鲨

灰海豚

灰海豚

的珊瑚虫到巨大的金枪鱼、旗鱼，甚至海洋中最大的动物——大鲸鲨都有。另外还有海洋哺乳动物，如儒艮、鲸鱼和海豚。除了已知的80种鲸类和海豚外，还有第三类鲸类海洋动物也会出现在阿联酋的海滩。这些鲸类海洋生物代表性的种类有：抹香鲸、灰海豚，印度洋和太平洋地区的座头鲸和珍贵的无鳍海豚等。

4. 沙漠里的绿洲

阿联酋地处北回归线两侧，界于北纬22.5°～26°之间，气候炎热干燥，年均降水量只有100毫米左右，而蒸发量却超过3 500毫米，是典型的热带沙漠气候，自然地理条件十分恶劣。这里97%以上的土地均被荒漠或盐碱地覆盖，一些外国环境专家曾断言，这里无法栽种植物。然而几十年来，阿联酋政府通过不断地投资，培育树苗引进树种，号召全民植树种草，雇佣外籍园林工人种植维护，进行绿化，还注入大量资金铺设浇灌设施，利用地下水源使树木一年四季得以正常的灌溉。现在可以看到，在街道、公园、街心绿地等地方每棵树下和每片草地里都铺设了胶皮水管网，通上水后，所有的树木和花草都可以得到滴灌。

在阿联酋，所有大型企业的厂房内、经济贸易自由区、机场、饭店、商城、居民住宅群等大型建筑和政府机构大楼周围都有大片绿化区，其间种满了花草，不仅控制了风沙，也减少了污染。特别是阿布扎比、迪拜和沙迦三个酋长国，现已成为了著名的花园城市。在这些城市中建设了很多面积相当大的铺满绿色草坪的公园，到处是种植多年的绿树，庞大的枝冠形成了很大的树荫，让人们能够在炎热的夏天或工作之余来到公园休息。在这些城市里，有着成片成林的阿拉伯地区最闻名的是棕榈树和椰枣树，果实累累，阳光透过树枝和树叶飘撒在草坪上，景色非常美丽。这里的公园内一般都设有足球场、网球场、篮球场供青年人锻炼之用。一些外籍劳工在炎热的夏天进行户外作业，中间休息时也来到这里避暑、小憩。

在阿布扎比和迪拜有许多苗圃，专门培育树苗和花苗，供市园林局美化城市，同时供各国居民美化庭院和家庭。除了公共绿地由市政府负责外，房地产商和居民们在建设一栋新的住宅时，建设草坪和种植树木和鲜花是必不可少的工程，当房屋出售和出租时，不仅装修完好，而且需要完成庭院内外的绿化。

野生动物保护区

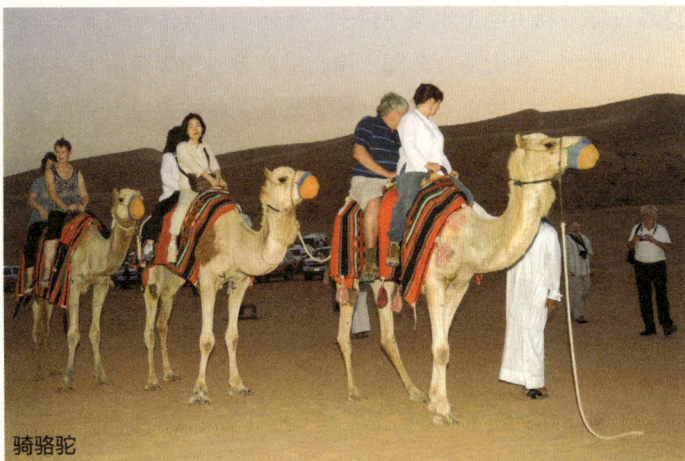

骑骆驼

迪拜海滨公园

　　为阻止荒漠化，阿联酋还在沙漠中建造许多人工湖泊。从1991年起，阿联酋开始把海水引入100多千米外的沙漠低洼地中，形成数个巨大的人工湖，发展海水养殖，并开发出一些别具风格的沙漠旅游景点。同时还在沙漠地区开展无土栽培试验。阿联酋在萨地亚岛以淡化水为水源，建立了2公顷的现代无土栽培温室。目前为止，阿联酋全国境内已规划了多个生态保护区，数十个林场和自然保护区，并且成为了动物的乐园，较好地实现了沙漠地区人类生存环境的可持续发展，成为名副其实的沙漠绿洲和美丽的花园城市。

经济发展

阿联酋是海湾地区乃至世界闻名的石油富国，石油出口是阿联酋国家的主要经济来源，并带动整个国民经济逐步多元化发展。

1. 经济发展的三个阶段

阿联酋的经济发展历程大致可分为三个阶段。第一阶段为未发现石油之前，称为"部落经济"时期，以采集和贩卖珍珠为生；第二阶段为从"部落经济"到"石油经济"的过渡时期，即1936年阿布扎比酋长国与西方石油公司签订了第一个有关开采石油的协议，1962年阿布扎比酋长国开始首次出口石油；第三阶段为多元化经济发展时期。

2. 黑色的宝藏——石油

对于阿联酋而言，石油就是真主恩赐给他们的天然宝藏，阿联酋的油气资源相当丰富，石油探明储量约978亿桶，占世界石油总探明储量的7.9%，初步估计石油储量能维持开采92

夕阳下的沙迦油田

年，为全球第七大探明石油储量国。石油产量居沙特和伊拉克之后排世界第三位，已成为石油输出国组织中石油出口收入仅次于沙特阿拉伯的第二大出口国。2008年阿联酋的石油收入超过1 000亿美元，再创历史新高。阿联酋目前的原油日产量为266万桶，预计到2013年，其日产量可达311万桶。

3. 流淌的黄金——天然气

在阿联酋，有流淌黄金之称的天然气犹如不息的火焰熊熊燃烧，截至2009年，阿联酋拥有探明天然气储量214.4万立方英尺，仅次于俄罗斯、伊朗、卡塔尔、沙特和美国，成为全球第六大探明天然气储量国。天然气产量继俄罗斯、伊朗和卡塔尔之后，居世界第四位。

4. 石油的姊妹——非石油产品

近十年来，聪明的阿联酋政府加大了对非石油产品的投入，2007年国际油价大幅上涨时阿联酋石油收入剧增，阿联酋的建筑、房地产、旅游、金融服务等产业对国民生产总值的贡献率也逐年上升。2007年非石油产业在国民生产总值中占65%，到2010年，非石油产业已占到国民生产总值的70%。

输气管道

非石油部门发展主要体现在炼铝工业、建材工业、食品工业等，国家通过建设经济特区、自由贸易区工业，以及各酋长国政府和工业银行在资金上提供优惠政策，鼓励上述工业发展。投资领域也到饭店、旅游、建筑业、交通、通讯、服务业等。

据阿联酋海关统计，2010年2月的非石油贸易额达530亿迪拉姆，约合985.8亿美元，其中出口额91.1亿美元，进口额654.7亿美元，转口贸易额239.9亿美元。与2009年同期相比，出口额上升1%，转口贸易额上升2%，进口额下降1%。印度为阿联酋最大贸易伙伴，也是阿联酋非石油产品的最大出口国。

5. 全面发展的工业

铝业　阿联酋迪拜铝厂年生产铝86万吨，其中较大部分用于出口。此外，阿布扎比穆巴达拉公司与迪拜铝厂签订协议，投资60亿美元，建立世界最大的年产120万吨的铝厂。

电缆业　迪拜电缆公司是由阿布扎比政府与迪拜政府各以50%的比例投资建成，年收入达1.87亿美元，产品出口至伊朗、印度、约旦及坦桑尼亚等。

钢铁业　阿联酋钢铁厂成立于1998年，位于阿布扎比工业城内，年产量50万吨。扩建之后产量将达150万吨。2001年阿联酋建立了第一家现代化的钢铁厂，主要通过对碎钢铁进行再加工，生产的钢材型号不同于阿国内已有的另外四家钢铁厂，其产品可以满足国内和海湾建筑市场的要求。

石化业　主要生产氨水、酵素及聚乙烯。此外，阿布扎比正在建一新化工企业，生产三聚氰胺。

水泥业　海湾地区最大的水泥生产商是沙特，其次是阿联酋。水泥工业是阿联酋起步最早的现代制造业。第一个水泥厂于1975年在哈伊马角建立，到20世纪80年代，7个酋长国都有了自己的水泥厂。目前阿联酋拥有12家水泥厂，其中11个水泥厂生产普通水泥，1个生产白水泥。阿联酋是水泥净出口国，普通水泥的生产能力超过1 000万吨，白水泥生产能力为45万吨。

　　建材业（瓷砖）　哈伊马角的瓷砖厂建于1991年，号称是世界最大生产厂家，日产量已超过原为世界第一的巴西陶瓷厂。该厂年生产能力为1亿平方米，占全球瓷砖产量的5%。原料以当地为主，进口为辅。产品除提供本国市场外，还远销欧美、阿拉伯地区和世界其他各国。

6. 国际贸易的黄金口岸

　　阿联酋以它独特的地理位置，开放的自由贸易政策，宽松的贸易环境和优良的基础设施条件，一直是海湾地区的重要贸易中心和中东最大的转口贸易国家。

　　阿联酋的外贸政策是非常开放的。除个别几种与国家安全息息相关的产品外，几乎任何产品均可自由进出口，无需申领许可证，且关税极低。工业原材料、食品、药品、钢铁、黄金及其制品、化肥农药和农产品等一概免税。海湾合作委员会六个成员国间自产商品的相互贸易自动享受免税待遇。为降低出口成本促进外国投资，上述六个成员国达成协议，成立六国关税同盟，决定自2003年1月1日起执行统一的5%关税政策。

　　阿联酋在中东和海湾合作委员会国家中，是最吸引外商直接投资的国家之一。自1994年起，阿联酋成为关贸总协定的缔约方，并于1996年加入世界贸易组织。同时阿联酋与海湾合作委员会其他国家一样，也是大阿拉伯自由贸易区的成员，并已与179个国家和地区建立了贸易关系。1996年，WTO通过了阿联酋关于开放贸易和服务业的时间表，允许其电信业和金融业保留10年的过渡期。由于阿联酋的经济相对开放，它不仅可顺利按WTO的规定办事，而且也因加入世贸而获益匪浅，一举打破了一些国家在进口石化产品、铝制品等方面的保护性限制，这两大类商品恰恰是阿联酋可供出口的大宗商品。特别是迪拜酋长国，以其便利、快捷的海空运输条件和高效的自由贸

国际贸易的黄金口岸——航运基地

易区管理模式，使其成为这一地区的贸易和运输中心，出口和转口覆盖整个海湾、中东地区、中亚、北非、东欧等地区。

迪拜酋长国长期以来一直以贸易转口中心闻名世界，它的进口产品中70%左右转口，成为辐射海湾、中东、非洲、南亚和中亚地区15亿人口的转口市场，成为各种产品销往这些国家和地区最大的商品集散地。

7. 蓬勃发展的自由贸易区

从1985年，阿联酋设立了杰贝勒·阿里第一个自由贸易区后，先后于1987年设立了富查伊拉自由贸易区、乌姆盖万自由贸易区，1988年设立了阿治曼自由贸易区，1995年设立了沙迦机场自由贸易区，1996年相继设立了沙迦哈姆利亚自由贸易区、迪拜国际机场自由贸易区、阿布扎比工业区等。如今，仅迪拜酋长国就有12个经济自由贸易区，约有6 000多家企业，占迪拜所有企业数量的10%。另外，沙迦酋长国有2个自由贸易区，其他5个酋长国各有1个自由贸易区。

自由贸易区向投资者提供如下优惠鼓励措施：①外资企业

可100%独资，不受《阿联酋公司法》中规定的外资49%，内资51%条款的限制；②外国公司享受15年免除所得税，期满后可再延长15年的免税期；③资本和利润可自由汇出，不受任何限制；④无个人所得税；⑤进口完全免税；⑥货币可自由兑换，不受限制；⑦无繁琐的官僚办事程序；⑧注册手续简便，不会产生问题；⑨自由贸易区内有现代化的高效通讯设施；⑩有较好的基础设施；能源供应充足；优美宜人的工作环境。

8. 中东展会的中心

阿联酋每年举办百余个展览会、博览会、购物节等，大部分在迪拜、沙迦和阿布扎比举行。如中东电脑展、中东家具展、国际礼品展、海湾美容展、秋季服装展、五大行业展，以及中东铝、金属和有色金属展、汽车展、航空展，等等。世界上许多国家和大企业把自己的产品在阿联酋举办的展会展示推销，不仅是看好阿联酋这个市场，而是看到像迪拜、沙迦等酋长国对本地区，中东乃至更广泛地区的辐射力。有种说法，一种商品一旦打入了迪拜市场，就等于打入了拥有世界四分之一人口的大市场，

因为迪拜市场不仅面向海湾，而且辐射西亚、北非、东非、南欧、南亚、中亚乃至俄罗斯和南非。沙迦中国商品交易会始于2002年，举办了九届。该交易会被誉为"中国在中东地区的广交会"，成为中国在中东地区举办的规模最大，影响最广、效果最好的品牌展会。各种展会不但向世人展示了阿联酋的魅力同时还赢得了丰盛的经济回报。

9. 可持续发展的保障——高科技

近十年来，迪拜大力发展以信息技术为核心的"新经济"和"知识经济"产业。自1999年起，先后建立或开始施工建立了迪拜因特网城、迪拜电子政府、迪拜媒体城、迪拜知识城、迪拜硅谷绿洲工程、迪拜投资园、迪拜科技园、迪拜医学城、迪拜金融中心、迪拜国际仲裁中心、迪拜航海城等。迪拜国际城，中国商品迪拜分拨中心（简称龙城）就建设于此。迪拜纺织城（DTC）、迪拜港口、海关及杰贝勒·阿里自由贸易区、迪拜节日城等均位于迪拜霍尔海滨的开发区内，为迪拜的经贸发展注入了新的活力，发挥了重要作用。

商业城

阿联酋文化

1. 阿联酋简史

（1）上古时期的社会简况

阿联酋历史悠久，据考古发现证实，可以追溯到近一万年前。据考证，在公元前6000年的文物中，有新石器时代各种工具，说明那个时期该地区已经出现了人类活动。在阿联酋沿海地区发掘出的来自古代两河流域国家的彩陶器皿，证明在公元前5000年这个地区与伊拉克南部人类文明有着联系。在艾因的哈菲特山区，发现并出土了公元前4000年的数百座圆形坟墓，在乌姆盖万也发现了一处墓葬。这些都说明了当时已存在人类活动。从其他地区的建筑物和生活中使用的铜、香料、珠宝、木材、石料等证明，这些物品主要来自阿拉伯半岛各酋长国沿海地区，在公元前3000～2500年间，阿联酋地区已经进入青铜器时代。公元前2500～2000年，阿联酋地区已经开始了农牧业生产。人们利用地下水资源和可耕土地，进行农耕、放牧，饲养山羊、绵羊和其他禽类。从哈伊马角等地发掘的居民点遗址和从沿海古墓中人类遗骸的牙齿磨损程度来看，公元前2000年间，阿联酋沿海地区居民已经开始食用大量的海产品，如鱼类和贝类等，而近海和内地的居民则多食用山羊、绵羊、椰枣等陆地动物肉类和其他食品。公元前2000年末期，人们开始在山丘地带饲养骆驼，并用其作为驮运物品的陆地交通工具。

（2）古希腊和罗马帝国的入侵

公元前550年，波斯帝国扩张，征服希腊诸城邦。之后希波战争中，波斯败退。公元前4世纪上半叶，希腊诸城邦普遍经受危机，终于在公元前338年沦为马其顿的统治之下。公元前334年，马其顿王亚历山大大帝东征，之后攻陷波斯，波及海湾两岸。亚历山大推行"希腊化"统治，并开发了海湾水域。

公元前3世纪，希腊已处于衰落时期。公元前2世纪，罗马人开始向东扩张，并于公元前168年征服马其顿，将希腊并入罗马版图。随后，罗马人又控制了阿拉伯半岛和海湾。公元前169年，奈巴特王朝的第一位国王哈利斯在约旦南部佩特拉定都，并与罗马帝国建立友好关系。公元前25—24年，罗马帝国皇帝屋大维利用奈巴特为基地，发兵攻打也门，企图控制东西方交通，但以失败告终。公元105年，罗马帝国皇帝图拉真把现巴勒斯坦的奈巴特北部变为其属省，并对其实施统治。图拉真向海湾派驻军队，并于公元115—116年入侵海湾，他的船队以报复当地人的海盗袭击活动为由，洗劫了阿拉伯半岛海岸，导致许多也门人向外迁移，一部分人经阿曼到达海湾酋长国地区，另一部分绕过沙漠到阿布扎比的布赖米绿洲定居。直至306年，罗马帝国统治中心东移至君士坦丁堡。

（3）伊斯兰教在阿拉伯半岛的兴起

公元4世纪初，波斯的萨珊王朝袭击海湾南岸的阿拉伯部落，以控制其与印度、中国的海运贸易。6世纪初，萨珊王朝和拜占庭帝国争夺小亚细亚安纳托利亚、土耳其的亚洲一带领土，同时入侵阿拉伯半岛，控制阿曼。直到622年，"安拉的使者"穆罕默德创立伊斯兰教，使阿曼皈依伊斯兰教。

阿拉伯半岛是伊斯兰教的发源地和发展基地。当时阿拉伯半岛的人民以游牧部落为主，家族式的社会结构，逐水放牧为

阿布扎比清真寺

生，沿海地区有捕鱼和采珍珠等生产活动，在绿洲定居的人们务农耕种和饲养家畜，处于部落社会和封建社会之间。

公元610年，穆罕默德利用当时阿拉伯半岛期盼改变社会状况和实现联合统一的思潮，在沙特麦加创立伊斯兰教，并在阿拉伯半岛传播。鉴于该教在本土起源，又使用阿拉伯语为文本，很快便传播开来。阿联酋地区和阿曼是继也门之后最早信奉伊斯兰教的地区。

（4）葡萄牙人的进入

从15世纪开始，葡萄牙人开始进入海湾。他们在沿海修建了城堡，殖民统治海湾长达两个世纪。葡萄牙人先后控制了海湾贸易要塞霍尔姆斯海峡，控制着经霍尔姆斯至巴士拉及海湾其他港口的贸易和海上运输，引起了阿拉伯人、波斯人、英国人、荷兰人、法国人和土耳其人的强烈反对并与之争夺。从16世纪开始至17世纪，葡萄牙人的势力开始减弱，逐步从海湾的一些地区撤出。17世纪末，随着葡萄牙、荷兰和法国在海湾的政治、商贸地位的崩溃，英国在海湾的势力转为优势。

（5）英国对酋长国的"保护"统治

公元1809年，英国派出海陆部队攻打阿联酋哈伊马角的被他们称之为"海盗海岸"的卡西米人在海湾的一些根据地，经过数年战争，未能征服卡西米人。1819年12月，英国舰队在埃及军队的协助下，从海上对哈伊马角进行了总攻，英军大炮连续轰炸两天后，进入该城。英军摧毁了乌姆盖万、阿治曼、沙迦、迪拜等地的要塞和船只。1835年8月21日，英国为加强对海湾的控制，防止各部落间在海上的争斗，同海湾诸酋长国签署了一项关于在海上采集珍珠六个月，不得进行海上战争的"海上休战协定"。随后，又分别与各酋长国单独签署了相关协定。1853年，英国方面与阿布扎比、迪拜、乌姆盖万、哈伊马角、阿治曼诸酋长签署了"海上永久休战协定"，使这个地区沦为"特鲁西尔酋长国（The Trucial States）"。

19世纪初，英国通过与海湾诸酋长国签订一系列不平等条约，使英国与海湾酋长国之间实际成为宗主国与被保护国的关系。英国与海湾五酋长所签订条约的总称为"总和平条约"。这五酋长分别来自阿布扎比、乌姆盖万、迪拜、哈伊马角与沙迦。1952年，富查伊拉加入此条约。

19世纪中叶，随着英国在海湾势力的加强和扩大，引起了法国、俄国、德国和奥斯曼帝国等强国的极大关注和争夺。法国人在乌姆盖万设立了一个据点，抗议英国政府干涉阿曼内政。此外，土耳其、波斯、沙特、希腊等地区大国也在海湾酋长国拓展势力。

19世纪期间，海湾诸酋长国之间的纷争不断，矛盾层出不穷。直至20世纪初，各酋长国开始联合对外。拉希德家族日益强大，阿布扎比和迪拜的辛那威族联合起来，沙迦和哈伊马角的卡西米族酋长们也结为联盟。

(6) 筹建阿拉伯酋长国联邦

1968年2月18日，阿布扎比酋长国谢赫扎耶德酋长与迪拜酋长谢赫拉希德·本·赛义德·马克图姆在阿布扎比与迪拜之间的塞姆哈会晤，两人一致同意建立一个联盟，以这两个酋长国为核心组建一个更大的联合体。会谈之后，"特鲁西尔阿曼"七个酋长国的酋长以及巴林和卡塔尔的酋长于1968年2月25日在迪拜召开会议，宣布签署建立联邦的协议，联邦包括阿布扎比、巴林、迪拜、卡塔尔、乌姆盖万、沙迦、哈伊马角、富查伊拉、阿治曼9个酋长国。当时国名定为"阿拉伯酋长国联邦"。1968年5月25—26日，阿拉伯酋长国联邦最高委员会召开了另一次会议，讨论决定建立"阿拉伯联合酋长国"。1968年7月6日在阿布扎比召开了第三次会议，推选对阿联酋建国作出贡献的谢赫扎耶德当选为首任总统，谢赫拉希德担任副总统。1970年6月13日，各酋长国酋长代表召开了第十三次会议之后，巴林和卡塔尔两国宣布，在英国于1971年撤出海湾地区之后，他们不参加阿联酋联邦，各自建立独立国家。

1971年6月28日，阿布扎比酋长谢赫扎耶德向迪拜、沙迦、哈伊马角等酋长再次发出邀请，讨论召开意见一致的酋长国酋长委员会，将各酋长国的开发局转换为联邦政府。之后，除哈伊马角外，其他各酋长国成立了联邦达成一致协议，由阿布扎比酋长谢赫扎耶德任总统，为期五年，并选择阿布扎比为联邦的临时首都，直至建立永久首都。

(7) 阿拉伯联合酋长国的诞生

1971年7月18日，阿布扎比、迪拜、沙迦、阿治曼、乌姆盖万、富查伊拉酋长们召开会议，决定建立联邦国家，定名为阿拉伯联合酋长国。1971年12月2日，阿拉伯联合酋长国建国，由阿布扎比、迪拜、沙迦、富查伊拉、乌姆盖万和阿治曼六个独立的酋长国组成。1971年12月23日哈伊马角正式提出申请，要求加入阿联酋联邦。1972年2月10日哈伊马角酋长国经过联

阿拉伯国家联盟

邦最高委员会批准，成为阿拉伯联合酋长国的正式成员。至此，由七个酋长国组成的阿联酋联邦实体完全形成。临时宪法规定，阿联酋是一个君主立宪制国家。首都阿布扎比，国庆日定为12月2日。

1971年12月6日，阿联酋加入了阿拉伯联盟，成为阿盟的第18个成员。1971年12月9日阿联酋加入了联合国组织，成为联合国第132个成员国。阿联酋从此开始了复兴、发展和国内各地区统一的进程。在对外关系方面，阿联酋奉行平衡的政策，不走极端，不加入各种性质的联盟，同阿拉伯和伊斯兰国家建立了兄弟般的关系，同世界上147个国家建立了外交关系。

2. 民俗文化

（1）传统的阿拉伯民族文化

阿拉伯联合酋长国的居民和半岛上的其他居民一样属于阿拉伯血统。他们的祖先在2 000—3 000年前向东连续移民穿越阿拉伯半岛，带着他们的文化、语言，以及他们的生存技能来到这片荒芜的地方。他们到达后与该地居民融为一体，称为闪族人。在以后的几百年中，居民的生活互相渗透，与公元7世纪移来的伊斯兰教形成统一的信仰。在阿联酋的众多部落中，一部分是游牧民族，但大部分人是定居的。定居的民族从事简单的农业，或在东部阿拉伯海湾采集珍珠和捕鱼；游牧民族主要居住在阿联酋的南部和东南部沙丘地区的边缘。

在阿联酋的北部沿海地带居住着祖辈从事渔业的渔民，至今仍可以看见木帆船满载货物进出海湾地区，除所用的柴油发动机外，几乎与几个世纪之前所用的船只一样，仍然保持着传统谋生方式。在阿布扎比地区和阿治曼的沿海地带，仍可以见到造船商们用简陋的工具在没有图纸的情况下制造木船，操持着父辈流传下来的技艺。

阿联酋的民族习惯与其他阿拉伯国家，特别是海湾国家的民族习惯大致相同。见面问候时，会主动跟对方用穆斯林的通用问候语打招呼，译成中文是"和平降临于你"，也就是"问好"的意思。双方握手致意后，两人还会相互寒暄，问一些诸

传统的独桅帆船

如："您身体好吗？"、"您家里人好吗？""一切都好吗？"等一大套客套话，对此，大多数阿拉伯人会用"一切赞美归于真主"和"真主仁慈"来作答。如果是两个老朋友相见，除一大套问候外，必须相互拥抱，行贴面礼。行贴面礼时，一方用右手扶住对方的左臂，左手搂抱对方肩部，然后，按照先左后右的顺序，贴面三次。一边贴面，一边嘴里念叨着问候语。如果俩人关系十分亲近，或是在接待客人时，表示友好与亲热，会在贴面的同时，嘴里发出连续亲吻的声音。

异性之间见面时，一般只行握手礼，除非是特别熟悉亲近的人之间才贴脸问候。如果与较正统和保守的伊斯兰男士和女士握手时，要特别谨慎。对方不主动伸手时，你不要伸手，否则会很尴尬。

阿拉伯人的名字一般由三或四部分组成，依次为本人名、父名、祖父名和家族名。平时，熟人之间一般可以直呼本人名，比较正式的场合应称呼其全名。对有身份的人，习惯上用他所担任的职务来称呼，如：部长阁下。对已婚并有子女的男人或女人，可以用其孩子的名字，称某某他爹或某某他娘。

阿联酋人都是穆斯林，信奉伊斯兰教。男人平时穿长袖白色大袍，头上佩戴白色或红白格的头巾，头巾上压着一个黑色

传统的阿拉伯男子

绳箍，主要是用来固定头巾。但在过去，这个头箍还有一个用途，就是在驿站停下来休息或住店时，拴骆驼用。女人着黑色纱袍，

行走的穆斯林妇女

叫"萨布"，一直拖到地面，可盖住双脚，袖子为长袖，可盖住手面，伊斯兰称之为着装"不露体"。女人还佩戴黑色头纱。这里的男人和女人一般都穿拖鞋，不穿袜子。有的名牌皮拖鞋的价格还很昂贵。服装面料的质地也很不同，由此可看出每个人的家境状况。

王室家的妇女穿的黑袍面料是丝纱的，上面绣着各种图案，胸前、领口和袖口都镶嵌着金色花边和金属片。黑袍内穿着上等面料制作的色彩鲜艳的内袍，脖子、手上、胳膊上还佩戴着很昂贵、很夸张数量很多的首饰。年长或传统一些的妇女还蒙着面纱，戴着面罩。特别在一些宗教节日里或有身份较高的王室妇女参加的活动时，女人们更是遵循着穆斯林不能露体的规定，身着黑袍，很多人戴面纱和金丝制作的面罩，就连用餐也不摘下。

阿联酋本国人与其他阿拉伯人一样，喜欢使用一种阿拉伯香料制作的香水。这种香水很贵，很浓，一小瓶可以使用很长时间。它的特点是留香持久，使用一点就很香，并且在衣服洗涤之后香味仍留在衣服上。一位阿拉伯女子来家作客，就可香飘满楼。阿联酋人还喜欢使用各种熏香料，特别是王室家族举行重大活动时，人们在客厅里用香料熏烟，并拿到客人身边，让客人用手把烟往自己怀里煽，有的阿拉伯妇女还打开黑袍把香料烟气煽进衣服当中，据说，这种香料还有消毒去病的功能。

阿拉伯女人很喜欢化妆。她们本身皮肤就很白嫩，还长着一双大眼睛，睫毛也很长。当她们画上弯弯的眉毛，涂上红润的嘴唇，打上眼底和面霜，的确像画上人物一样，楚楚动人。阿拉伯妇女还喜欢用当地产的一种叫做"海娜"的植物染料，磨成粉，用水调成稀糊状，装饰自己的脚和手。他们用这种深棕色染料在自己的手心、手背、胳膊、脚面、脚底上画上各种精细的图案。稍等片刻，颜色开始变成红棕色，展现出一种阿拉伯民族的传统美。

在各个酋长国，凡有居民居住的地方，就有数座清真寺。按伊斯兰教义，穆斯林每天都要朝着麦加方向做五次礼拜，即清晨的晨礼、中午的晌礼、下午的晡礼、黄昏的昏礼和晚上的宵礼。每天，只要是到了礼拜的时间，就会听到清真寺的宣礼台上传出招呼声，提醒教徒们做礼拜。作为穆斯林教徒，只要你当时有时间或者离清真寺很近，就会聚集到清真寺里一起做礼拜；如果你正在办公室工作、在超市里购物、在家里或在旅行脱不开身的话，你可以到附近的专用礼拜室或在办公室、家里做礼拜，甚至有正在户外活动或工作的人们，找个地方席地跪拜。在阿联酋，我们经常在超市、机场、学校、医院等公共场所看到各种为穆斯林教徒们准备的做礼拜的地方，并且男女分开，互不干扰。到了周五，午后的主麻聚礼就更加重要而隆重。这时，教徒们如果没有什么重要的事情要做，一般全都去清真寺聚礼，聆听阿訇宣讲古兰经诗文。仪式时间长、人数多、场面壮观。聚礼结束时，你会看到大街小巷全是做完礼拜的身穿白袍的穆斯林教徒。

麦加朝觐的穆斯林

一年一度的斋月是穆斯林教徒必须经历的过程。"斋戒"的阿拉伯语是自我克制和自我约束的意思。穆斯林白天不进食，意义

麦加朝觐的穆斯林

礼拜中虔诚的穆斯林儿童

主要是进行内心的净化、精神的修养，是穆斯林修身养性的重要方式。这种忍饥挨饿的锻炼是让他们体会穷人的困难，品尝吃不上饭的滋味，增强对穷人的怜悯之心。测算入斋的日子，据说需要用眼睛去看月亮，谁先看到了，就到宗教部门去报告，如被证明的确有月亮，就被确定为斋月开始。直到现在，穆斯林们还在用这种传统的肉眼看月亮的方法确定斋月开始的时间。但一旦被证实斋月已经开始，大家就会在拂晓开始自觉地禁吃、禁饮、禁抽烟、戒房事等，直到日落才能饮食。日落进食时，各国做法不同，阿联酋是以打炮为准。斋月期间，每天开斋吃饭的时间是不同的，一般是一天比一天早几分钟。每个城市都有许多放炮点，由军人来操作。斋月的头一天，他们按照惯例，把炮运到指定地点，擦拭干净，试放一下。这样每天晚上，通过对讲机，听从统一指挥，准时点炮。斋月的点炮场可算是一景了，特别是非穆斯林的外国人，专门赶去观看这一特殊的礼仪，还有许多人用照相机记录下这一时刻。打炮之前，穆斯林教徒们就已经在清真寺里等待了，打完炮，就开始进行隆重的宵拜，宵拜之后，开始用餐。

（2）传统婚礼

阿联酋人的婚礼虽然因贫富不同，婚礼从现场的布置、新人的服装、邀请客人的人数、餐饮等方面会有所差别，但整体

热闹的婚礼

来讲，阿联酋人结婚都是要大办的，都会很排场，很热闹。

婚礼前有一个晚上是非常特殊的，称为"染指之夜"。这天夜晚新娘的双手和双脚都要用叫"海娜"的棕红色的指甲花染饰一下。"染指之夜"来的人都是女人，包括新娘的姐妹、家人和闺中密友。很多菲律宾和泰国的打工妹就干起了这个行当。每逢有人结婚时，她们便在"染指之夜"那天来到女方家，为新娘染指。新娘稳坐在一张舒适的椅子上，光着胳膊和双脚，任染指女摆布。其他宾客聚在一起跳舞唱歌，品尝着美食，非常热闹。新娘的家人和

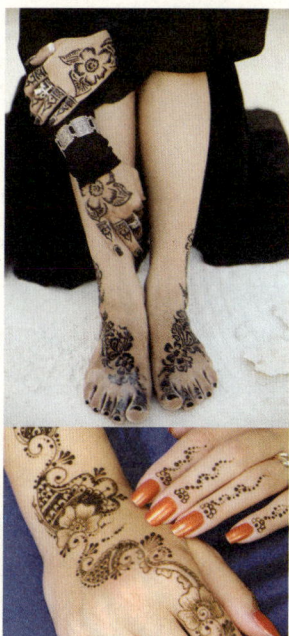

（染指）待嫁的新娘

女宾们也要用指甲花来涂染自己的双手。指甲花做成的颜料点在皮肤上，就会留下深红色的印记。

阿联酋的婚礼都是男女分开举行。如是同日举行，就分两个大厅，或者干脆分两个日子。男人参加的婚礼部分比较简单，主要是共进一顿婚宴，婚宴后，客人见过新郎官，并向新郎的父亲等握手祝贺后便逐渐散去。女方的婚礼仪式比较讲究，经济条件比较好的家庭一般在饭店里举行婚礼。阿联酋有专门操办婚礼的公司，从现场设计、布置、餐饮到仪式、摄像等程序都由这家公司负责。通常在现场搭建一个用鲜花布置的婚礼台，一个非常讲究的座椅，很多家庭还邀请了乐队、跳甩发舞和民族舞蹈的演员。但因乐队里面有男性乐师，只能在一个布帘子后面进行演奏。婚宴上一般都摆放很多圆餐桌，10人为一桌，桌面和椅面都用非常喜兴的彩色花带装饰，每张桌面

上还摆放着鲜花和里面盛着水、花瓣和点着蜡烛的玻璃器皿。这种档次一般是有钱人家才能承受，因为饭店的这些物品都是一次性的，收费较高。宾客们一般要等很长时间才能看到新娘子出场，场内的阿拉伯音乐经扩音器的播出震耳欲聋，亲友们相互说话都要贴着耳朵，否则根本听不见。如果不习惯这样的巨大音响，第二天耳朵还迟迟会有听力障碍。新娘子在众亲友的陪同下，走进婚礼大厅，几个身着白色裙子的女孩在其身后帮助拉着长长的婚礼服后摆。虽是阿拉伯国家，但新娘一般身着时尚低胸的白色婚礼裙，头戴白色婚纱巾，化着浓妆，光彩照人。中老年妇女会用舌头发出"嘟嘟"的声音，表示高兴和祝福。阿联酋的新娘一般不跳舞，只是稳坐在婚礼台上，接受亲友的祝福。而亲友和舞蹈团始终在她身边或在专门搭建的舞台上跳舞。这种欢乐场面经常会持续到深夜。

（3）阿拉伯民族服饰

阿联酋男子服装一般一年四季都穿白色阿拉伯大袍。头顶缠着名叫"古特拉"的白色或白底小红方格布巾。一般将这块大头巾折叠缠在头上，用一个黑色头箍将头巾固定。

阿拉伯传统白袍很适合在沙漠中生存。白袍衣袖宽大，袍长至脚，袍内下身有衬，上身内穿白色衬衫或背心，领子为小立领或圆领。大袍和内衬面料的质地不等，分棉布、麻纱类、晴纶、呢绒等，夏季稍薄，冬季稍厚。阿拉伯白袍历经千载而不衰，因为它对生活在炎热少雨的阿拉伯人来说，具有无法取代的优越性。生活实践证明，阿拉伯大袍宽松舒适，行走方便，透气性强，抗热凉爽，无论白色或其他颜色的大袍，在吸收外来热量的同时，里面形成一个通风管，空气自下而上流通，使人体感到凉爽，很适合阿拉伯地区炎热的气候。夏季男子的白袍不带衬，但却薄而不透，一点不失大雅。冬季男人为了御寒，有时也在白袍内穿白色长裤或牛仔裤等其他颜色的裤子。总之，白袍做工简单，无尊卑等级之分，是历经千载而不衰的阿拉伯人喜爱的服装。

　　阿拉伯人的包头巾也是沙漠风沙多、炎热的产物。头巾不仅起了帽子遮阳、御寒的作用，而且由于它把头、耳朵、脸两侧、脖子、肩都可遮挡住，还起了挡风沙的作用。包头巾的颜色一般为白色和白红格子相间的头巾。如今，现代时尚的白头巾上经常印有暗白色格子，增添了花色，典雅好看。头箍是用驼毛制成的圆状环，一般为黑色，偶有白色，粗细轻重不等，有松紧性。年轻人喜欢用粗的头箍，箍后面加一条绳穗作为装饰，披在后背上。没有风沙或太阳，或需要凉快一点的时候，他们会自如地把头巾两侧向后折叠，使脸和脖子露出来，头巾自然地垂在肩后，英俊潇洒。另外，阿联酋人在头巾下，一般还戴一顶小白帽，小白帽有的是白布做的，有的是用线钩出来的针织品。不戴头巾时，可只戴一顶白帽，戴头巾时，白帽可起到增加摩擦作用，使头巾不易滑落。

　　阿联酋的礼服一般在白袍外加一件披风。披风为黑色，领子、胸前和袖口镶金边。王室和贵族一般都在白袍上也镶有金丝边，披风扣带配有珠宝坠子。披风根据个人经济情况和身份，用料质地不同，分季节有薄厚之分。在阿拉伯节日庆典或出席重大活动时，男人在大袍外加件披风，显得神采奕奕、威

阿拉伯民族服饰

风凛凛，颇显男子汉气度。传统服饰还佩戴腰刀，这是阿拉伯人用来作为自卫武器、舞蹈道具，或在用餐时切割羊肉。

阿拉伯民族服饰

阿联酋人身穿白袍时，脚下一般穿拖鞋。拖鞋的质量差异很大，一般老百姓平时干活的拖鞋很便宜，一些高官或王室人员穿的名牌皮拖鞋的价格比皮鞋还贵。随着社会不断开放和对外工作需要，阿联酋的一些公职人员开始着西装，或在白袍外面套上西装。着白袍时，也开始穿皮鞋。

阿联酋女性的传统服饰是头戴黑头巾、黑面纱，身穿黑色大袍，这是伊斯兰教规定的穆斯林女子的服饰。比较传统的黑袍较宽大，可将头部、胳膊和身体一并包裹起来。现在黑袍的面料有很大改进，由丝绸、丝纱等高档面料制成的，上面还有一些暗花图案，胸前还镶嵌着各种颜色的装饰物，领子和袖口也镶有各种质地和颜色的花边。随着社会不断开放，东西方文化的融合，现代穆斯林年轻女子的黑袍已经趋于略紧身型，可略显身段。传统黑袍宽大，但容易滑落，必须用手不断将黑袍盖住头发和遮住身体。现在的黑袍，有正规的袖子，袖样有宽有窄，并带有很鲜艳的图案。更重要的是，新式黑袍不仅比较合身，还解放了双手，与正常大衣式样近似，前面有一排扣子。头巾单独佩戴，不与黑袍连体。城市女子一般都佩戴黑色头巾，而在农村，头巾的颜色较为多样。较保守的妇女还佩戴黑色手套和黑色面纱。越来越多的阿拉伯妇女，特别是年轻的职业妇女，她们只穿黑袍，戴黑纱头巾，不戴面罩，手也是暴露在外面的。工作繁忙或忙乱之中，她们的头巾也会滑落，不时地显露出她们美丽的秀发和漂亮的内衣和首饰。一些现代年轻女子，已经脱掉黑袍，开始着时尚服装，她们也期待着改革，期待着传统服饰与国际接轨。

阿联酋妇女佩戴的黑面纱质地较薄，外面人看不到女主人，但主人却能透过面纱视物如常。有的面纱只遮盖住面部、鼻子和嘴，露着眼睛；有的人用金色软布料制作的可遮盖住眼睛和鼻子的面罩，然后再用黑面纱遮住面部，还有的人用一块黑纱盖在头上，上面开两个小孔，使眼睛露出来，便于视物。在公众场合，比如在饭馆里用餐，她们一般与家人选择一个僻静的角落餐桌，有的阿拉伯餐厅甚至有单独的供有女性用餐的家庭用餐区域，为佩戴面纱的女性用餐提供方便。因为这些女性在用餐时，必须将面纱从下面掀起来，将食物送进口中。在长长的拖在地上的黑色大袍里面，穆斯林妇女的服饰各异。女士们经常会穿戴真丝面料的内衣，有的内裙颜色非常鲜艳和花哨。阿联酋妇女和其他阿拉伯女性一样，喜欢佩戴金银饰品。她们佩戴的首饰不仅多，而且较夸张。项链、耳环、手镯和戒指一般都比较粗大，有时一个胳膊上戴好几串手链，几个手指上都有戒指。阿拉伯妇女眼睛大，睫毛长，喜欢化妆，每天都把眉毛修整得像个细细的弯月，涂上眼影，红嘴唇，很有立体感，美丽动人。阿联酋的女子，特别是王室成员或有钱人家的女子很时尚，在名牌产品专卖店里经常看到她们在选购化妆品、服饰、手包、皮鞋等。在妇女活动或家庭聚会中，她们不甘紧包着黑袍，而是将头巾放下，或将黑袍脱掉，将脖子和胳膊袒露出来，展示她们佩戴的金银珠宝和细嫩的皮肤。

(4) 舒适豪华的阿拉伯帐篷

阿联酋人是个游牧民族，帐篷在阿拉伯人的生活中是个不可或缺的特色物品。过去阿联酋人放马、放骆驼，走到哪里，就把帐篷搭到哪里。那时的帐篷便于携带，但质地比较简陋，只是起遮挡风沙、御寒和夜间宿营的作用。现在的阿联酋人虽已经住进了宽敞舒适、拥有现代化设施的楼房、公寓或别墅，但具有阿拉伯传统文化风格的帐篷却到处可见。

阿联酋的帐篷已经不仅是旅游时野营的栖身之处，而是人们聚会或举行各种庆典活动的场所。有人说，搭帐篷是阿拉伯人的绝活。阿拉伯人布置各类庆典活动或众人聚餐的场所最拿手，他们就像变魔术一样，在茫茫荒沙上或一片水泥空地上，一天之内就搭起了非常漂亮的能容纳上千人甚至更多人的帐篷。

豪华的帐篷

总之，阿联酋的帐篷已远远超出了它原有的用途，已经成为展示阿拉伯民族传统文化和现代文明艺术的一个缩影。

（5）饮食文化

阿联酋人与其他阿拉伯国家一样，喜欢吃牛羊肉，特别是喜欢吃烧烤。在他们的餐桌上，经常会有烤制的牛、羊、鸡、鱼、虾等，另外还有黄瓜、西红柿等新鲜蔬菜配有各类豆酱、菜酱，蔬菜拌的色拉，以及酸奶、牛奶、坚果等。阿联酋常见的主食就是阿拉伯大饼，大饼有发面的，也有死面的。这种饼用特制的炉子烘烤而成，外脆内嫩，鲜美可口，价格便宜，成为千家万户喜欢的大众食品。吃大饼时必须沾霍姆斯酱，这种酱是用鹰嘴豆和芝麻做成的混合酱料。与霍姆斯酱同时端上餐

桌的，还有用茄子制作成的调料酱，用大饼蘸着这些酱食用非常好吃，经常是主菜还没有上来，就已经蘸酱吃了好几张大饼了。另外就是食用嫩绿的酸黄瓜条、腌紫菜条和各种小菜。

特色大饼

阿联酋的街面上常见的还有烤羊肉串。选料多是羊腿和背脊上的瘦肉，烤前将肉切成拇指见方的块状，再加入胡椒、精盐、姜葱、大料和橄榄油等作料串在长约一米的铁扦上，放入专门的烤炉中烤制，肉色黄脆，出炉即食。另外还有一种叫"沙瓦尔马"的土耳其烤肉，将嫩羊肉或鸡肉切片浸在酱汁中数小时，然后紧紧贴在一个垂直的烤炉上，烤炉慢慢自动旋转，以高温火焰把肉烤熟。这种食品通常在临街的餐馆外竖立着一个烤肉架，被炙烤的肉随铁柱子不紧不慢地转动着，烤熟一层，店伙计就往下削去一层。蘸上薄薄的蒜黄酱，拌上蔬菜色拉，卷进一块阿拉伯薄饼内食用。

阿联酋食品

阿拉伯甜食在阿联酋也是随处可见，这些甜食一般都是用面粉加上蜂蜜或糖精，放上奶油等，油炸制成。味道香脆，但很甜，有点粘牙。在阿联酋，各种星级饭店内设有各种口味的餐馆，如中国餐、泰国餐、日本餐、法国餐、意大利餐、墨西哥餐、印度餐等。在西餐厅内，你可以品尝到各种海鲜，如生蠔、龙虾、石斑鱼、三文鱼、金枪鱼等。在阿拉伯大餐中，特别是王室人员宴请时，除烤牛、羊肉外，还经常会上烤龙虾、烤大虾等。

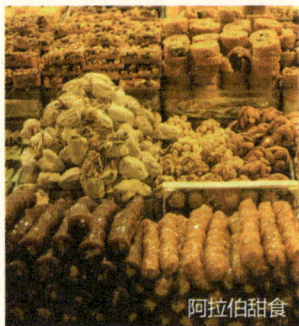
阿拉伯甜食

阿联酋人平时喝的茶和咖啡与其他民族没有什么不同，但有一种特殊的阿拉伯咖啡茶是需要品尝一下的。这种茶在海湾地区喝得比较多，味道清苦，放有阿拉伯香料和糖，一般在地道的阿拉伯人家里，在皇宫里，或在一些具有阿拉伯特色的场合或旅游点，都能喝到这种茶。这种茶不是一般人能够制作的，现在的年轻人大多数已经不会做了。在皇宫里，在饭店或在阿拉伯餐厅里，我们看到的经常是一些老者拿着阿拉伯茶壶为客人倒茶。茶具是一个白色小杯，主人一般是左手拿着茶壶，右手拿着一串杯子，给客人依次斟茶。倒茶时一般不倒满，只有半杯或更少，主人看着你喝完，如果你不再喝了，就将杯子晃动几下，然后交给主人。如果你不晃，主人就会认为你还想喝，接着再给你斟上半杯，请你再喝。根据传统的习俗，这些杯子是可以反复使用的。你喝完之后，主人将杯子摆在另一个杯子下面，或直接倒上茶给其他人喝。现在，为了体现文

阿拉伯的咖啡茶

明与卫生，阿联酋人已经改变了这种传统做法，他们或是用托盘托着一大摞杯子，或是手提一个专门放咖啡杯子的架子，上面放满了杯子，已经使用过的杯子，不再当场重复使用。

3. 人文特色

（1）一个和平共处的小联合国

目前阿联酋人口有600多万，其中拥有阿联酋国籍的人口只占总人口的五分之一，其余全都是外籍人。外籍人人数最多的是印度人，

玩耍的孩子们

2005年时已达170万，其次为巴基斯坦人、埃及人、巴勒斯坦人、黎巴嫩人、叙利亚人、菲律宾人等，中国侨民的人数也以非常快的速度增长，目前号称20万。据统计，世界上有202个国家和地区的人民生活在阿联酋，主要集中在迪拜酋长国。因此，我们可以称阿联酋是一个小联合国，并且是一个各国人民能够和平共处的多民族国家。

在阿联酋的各个酋长国，你都会深刻地感受到这是一个多民族、多血统、多语言、多肤色、多服饰，非常开放、包容的国家。有一位外国作家曾经形象地这样描述迪拜：像一个身着白色

在阿布扎比海边度假的游客

服饰的阿拉伯人，张开双臂，将不同民族、不同需求的人民围拢在他的怀抱，给予他们生存和发展的空间。一位年过70的黎巴嫩老人对我说，她的国家遭受战乱，许多黎巴嫩人背井离乡，逃到其他各国。她带着家室去了周边几个国家，但都无法生存，最后来到了阿联酋迪拜，全家才开始了稳定、富足的生活。每一位外国驻阿联酋使节的离任告别词中总不会忘记感谢阿联酋为外交人员及其侨民创造的良好的、和平的生活和工作环境。正因如此，阿联酋吸引着众多的外籍人来这里投资、经商、谋职。

迪拜是一个只有3885平方千米的海滨城市，尽管人口总数只有120万，但人们却说，这里是小城市，大世界，小国家，大场面。的确，在迪拜你不会感到陌生，因为这里的人不是你想象中的封闭的阿拉伯人，也不是你想象中的深受宗教约束的国家。尽管你身处一个阿拉伯国家的地域，但你身边的人却是不同的肤色，不同的民族，不同的装素，不同的语言，似乎在这里可以找到全世界所有的人种和语言。你不会担心因为你是外国人而被人用奇怪的眼光注视，也不会因为不熟悉这个国家

海边休闲的人们

而感到孤独。因为大多数人都和你一样，是外国人，大家的心态和情况是类似的。如果你遇到困难，你可以毫不犹豫地向另外一个外国人咨询，千万不要担心会遭到拒绝。如果你不会讲阿拉伯语，你可以讲英语，你的英语水平差或语音语调很不标准，你也不必胆怯，因为这里大部分人的国语都不是英语，并且带着浓重的家乡口音。

在公共场所，当你和其他国家的人们相遇时，虽然互不相识，但会相互致意，传递友善。如果你讲阿拉伯语，见到阿拉伯人时，那就会立刻像一家人一样，非常亲切，一下就拉近了你与本地人的距离。

　　周末散步休闲时，会看到不同国籍的家庭带着孩子到公园度假、烧烤或野餐。其实这原本是

阿拉伯人的习惯，现在有不少外国人也赶上了"时髦"。为此，政府在公园的围墙外修建了一条宽约5米，总长度为3500多米的塑胶运动道，供居民们散步、锻炼之用。在这些锻炼的人群中，我们经常看到的是不同的国籍、不同的肤色、不同的年龄、不同的性别、不同的服饰。除了身着运动装或短裤的西方人、亚洲人外，还有身着黑袍、甚至蒙着面纱的阿拉伯妇女，虽然着装保守，但看得出，她们内心对生活充满了希望和憧憬，她们追求身体和心理上的健康。拓宽后的阿布扎比海滨大道，也不仅仅是阿拉伯人在那里休闲、散步，还有很多外国人在那里健身，观景。阿治曼等酋长国的海滩会令很多外国人流连忘返。在沙迦酋长国的海滨，很多外国人驻足观赏成百上千的海鸥在那里飞翔。在海滩上，尽管肤色各异、身着泳装的开放程度不同，阿拉伯的妇女甚至身着黑袍在海水中冲凉，但人们都能相互接受、相互尊重地在一个海域上游泳、纳凉。为了尊重阿拉伯人的风俗，特意将身着泳装的西方人和亚洲人安顿在海滩的另一端，尽量不去打扰由于宗教原因着装保守的阿拉伯妇女，让她们也能像其他人一样自由自在地享受大海。

(2) 与世界各国的相互依存

阿联酋虽拥有丰富的油气资源，丰厚的资本和财产，本国人也已经过上了非常富足的生活，但阿联酋领导人却清醒地认识到，石油的储量并不是万能的，也不是用之不竭的，因此，阿联酋需要与国际接轨，与世界交流，需要引进大批国外先进的技术和人才，发展自己的国家。

阿联酋学学校

特别是阿联酋新生代领导人，他们都接受过西方的高等教育，深受国外的新思想、新理念、新科技的影响。

他们思想解放，观念前卫，利用国家丰厚的资源和财富，不惜重金聘请各国高科技人才和引进先进技术。在迪拜的星级饭店、开发区的重要企业、媒体城、因特网城、航空公司、高等学府、医院等机构都聘用了大批外国特别是西方的高层管理人员。同时还允许众多国家在此办学校、建医院、商城、展览中心、贸易中心、银行、饭店、餐馆，等等。在迪拜，你到处可以看到外国的设施，如：迪拜美国大学、英国大学、印度学校、伊朗医院、科威特医院、包括中国在内的各国诊所，还有香港的汇丰银行、渣打银行、日本的花旗银行和世界连锁的饭店，

双塔

迪拜媒体城

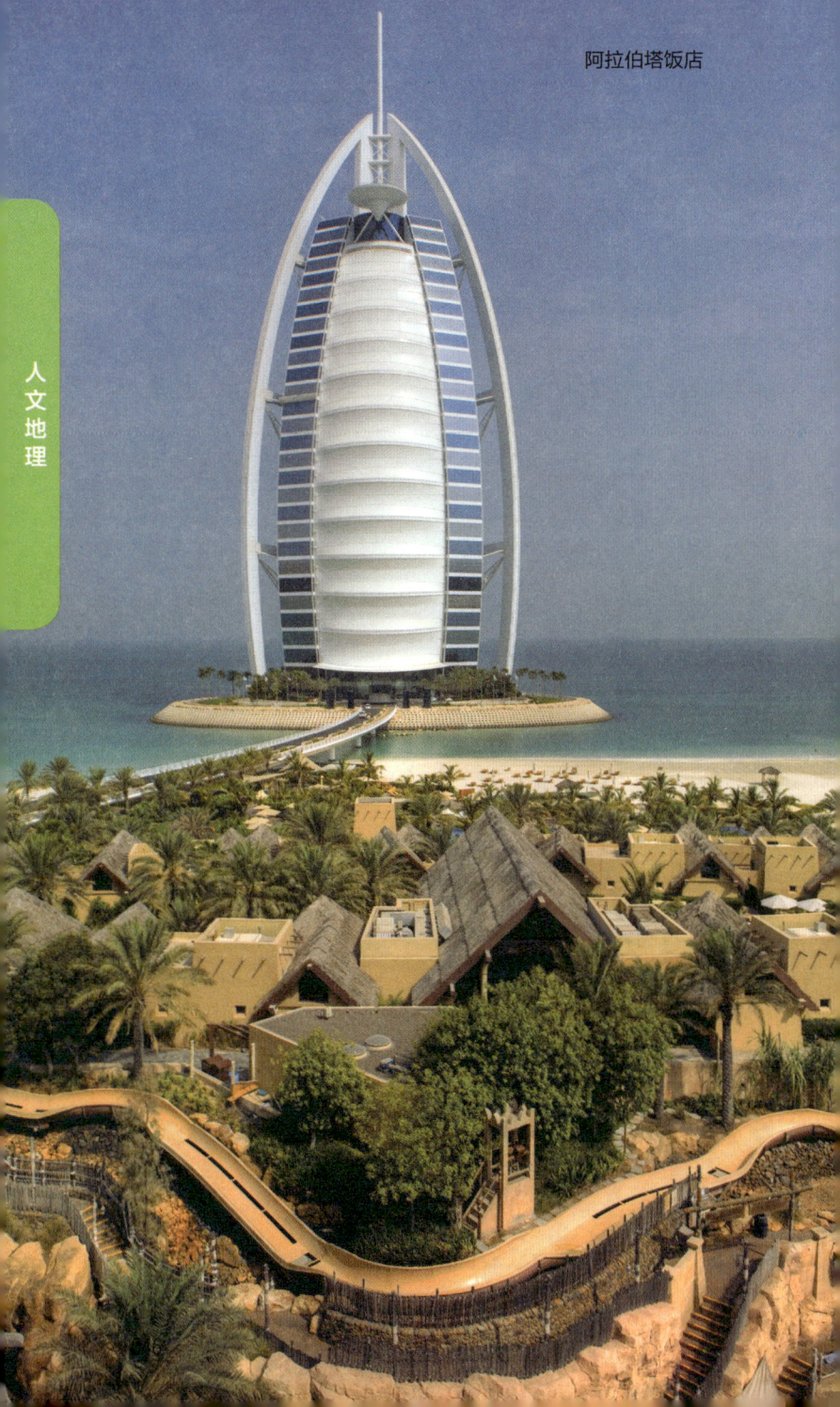

阿拉伯塔饭店

人文地理

如：喜来登、希尔顿、凯悦、君悦、香格里拉、洲际饭店等。

　　阿联酋作为中东的交通枢纽，进出口贸易也占其经济的重要地位。由于阿联酋淡水缺乏，海水处理价格昂贵，与其投资进行海水淡化，还不如进口外国产品。因此，阿联酋市场上吃的、用的95%以上的商品靠国外进口以补充国内人民的生活需要。在阿联酋你可以买到世界各国各种档次的物品。这里可以看到几乎全世界的所有名牌服装、皮鞋、首饰、箱包、电器等，还有世界各国的日用品、食品、蔬菜、水果。在各大饭店、街头的餐馆、咖啡厅里，你会品尝到各国的美味佳肴，如：日餐、泰餐、中餐、印度餐、伊朗餐、黎巴嫩餐、法国餐、意大利餐，当然少不了阿拉伯饭和风靡世界的肯德基、汉堡快餐店。

　　特别是近些年来，中国与阿联酋的双边贸易额逐年增加，中国大量商品出口阿联酋，在迪拜市场上，中国商品随处可见，就连中国的各种小商品，小食品，甚至大白菜、萝卜等大路商品也大量进入了迪拜市场。中国的餐馆也如雨后春笋地诞生出来，不仅为常驻迪拜和经停迪拜的中国人提供了方便的饮食和中国人聚会的场所，也在那里宣传了闻名世界的中国饮食文化。

　　外国的投资和外国人才的引进加快了阿布扎比、迪拜、沙迦等酋长国的经济建设，反之，阿联酋的建设与发展也为外国人创造了施展才华和就业的机会。除了众多高素质的外国人才外，还有人数更为可观的外国打工者。这群人主要来自印度、巴基斯坦、菲律宾、非洲，以及周边等生活水平不太高的国家和地区。他们工作在迪拜的各个行业，主要在服务业，如饭店、超市、餐馆、咖啡厅、医院、出租汽车、建筑、园林、文秘、学校、家政服务等几乎所有领域，他们有的已长期生活在那里，有的是以劳务输出的形式派出，还有的通过朋友介绍来阿联酋求职谋生。迪拜给外国人创造了一个和平安定的工作、生活环境和生存发展的空间，外国人也为迪拜的现代化建设做出了不容忽视的贡献。

（3）伊斯兰世界里开放的都市生活

阿联酋是个地道的伊斯兰国家，人们遵守着伊斯兰教义，从穿着到举止，从王室家族到平民百姓，都自觉地以传统宗教规范着自己的行为。

信仰宗教，并不等于闭关自守，不接受先进的事物或不可以享受丰富多彩的生活。迪拜在伊斯兰世界里是个最开放的城市，是个对西方和东方文化最包容的城市。

迪拜有数百家饭店，在高档星级饭店里一般都设有舞厅、酒吧、咖啡厅、健身设施、保健按摩服务等。在迪拜，由于受伊斯兰教规所限，一般饭馆内不能喝酒，但在星级饭店里的餐厅和酒吧就可以购买或饮用世界各国的酒精饮料。饭店内的舞厅每晚九点以后营业一直到凌晨，客人可以在舞厅内饮酒、跳舞、欣赏西方音乐、狂欢。一些饭店、酒吧、咖啡厅，甚至是游船上，在周末会请来俄罗斯、阿拉伯或拉美的舞女为客人表演具有世界风情的舞蹈，著名的东方舞（俗称肚皮舞）会经常在这里表演。不同的是，这里的舞女穿着比较开放，上身和大腿一般都显露着，许多阿拉伯人也和其他外国人一样，非常放松地欣赏着异国艺术，并随着音乐翩翩起舞。

美丽的肚皮舞

迪拜游艇上的舞蹈表演

迪拜的国际餐饮业也是非常发达的。由于在迪拜生活的有来自世界各地的居民和游客，因此餐饮业也随之发展很快。每家星级饭店内都有数家或十几家不同风味的餐厅，其中有中餐厅的饭店至少有十几家。迪拜街头还有单独开设各类餐馆，如阿拉伯特色餐馆、印度餐馆、西餐馆、泰餐馆等，中餐馆也有数十家。这里人用餐很晚，一般用完餐后已是夜里十二点以后了。迪拜很多饭店的餐厅都是24小时服务的，一些咖啡厅、水烟厅开放至深夜，特别是周四和周五，年轻人愿意聚在一边聊天，一边喝着咖啡和茶，吃小点心，吸阿拉伯水烟，一坐就是多半宿，安然自得。

阿拉伯水烟袋

迪拜与世界各国保持着密切的文化方面的联系，文化部门经常邀请各国文艺团体来迪拜进行演出。在迪拜我们经常可以看到西方的交响乐、爵士乐、室内歌剧、室内民族小乐队的演出、东方的歌舞等，还经常看到各国不同风格的画展，艺术展等。

阿联酋有着完备的体育健身设施。各酋长国均拥有豪华的高尔夫球场、国际标准的赛马场、足球场、保龄球场和众多的滑冰场和游泳场。阿拉伯人对这些公众活动一点也不陌生，特别是那些王室家族的成员，他们充分享受着这些娱乐和体育项目，亲自参加赛马、狩猎、滑冰、登山等运动，和西方人一样，在大赛时，身着盛装或运动装，全身心地投入到运动的快乐之中。

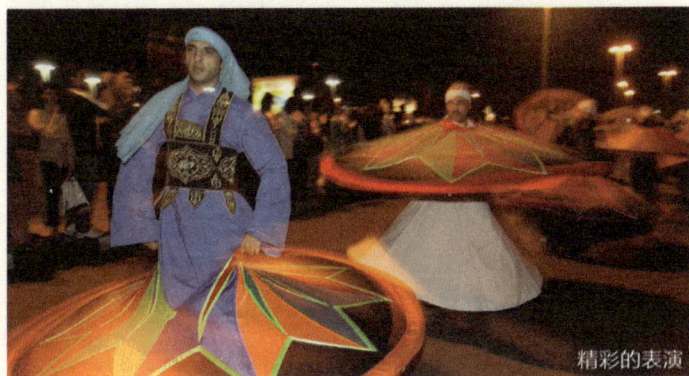
精彩的表演

阿联酋近年也修建了规模相当的室内和室外游乐场所，除了在街头、居民小区内和大型公园内建的儿童游乐场外，还利用购物节或其他一些重大节日机会，请来了诸如嘉年华这样的世界一流的游乐项目，当地人不论是大人和孩子都会投入重金享受这一娱乐。一些电子游戏机中心也吸引了众多民众享乐。总之，在迪拜这个伊斯兰的国度里，仍然可以享受开放和丰富多彩的业余生活。

（4）追求高品质生活的民族

在过去的30年中，凭借丰富的油气资源，阿联酋这个昔日贫穷的游牧国家，如今已是世界上最富有的国家之一。虽被认为是人口增长速度最快的国家，但人均收入仍保持世界前茅。有人形象地称，阿联酋人从骆驼背上跳下来之后，直接就钻进了奔驰车。

阿联酋位于阿拉伯沙漠地区，父辈们传统的游牧生活和简单的生活方式及较单一的着装，使人们总会联想到一望无际的贫瘠沙漠和驮着阿拉伯人破旧行囊慢慢行走的骆驼，阿拉伯这个民族也经常给人以神秘、传统、落后的印象。然而，来过阿联酋的人，都会惊讶地看到，这里发生了奇迹般的变化，沙漠上绿树成荫，现代化的建筑比比皆是，人民享受着高品质的现代化生活。

进入迪拜，首先让你接触到的是堪称国际一流的迪拜机场，明亮宽敞、设备先进、服务周到。世界上最大的机场免税

富丽堂皇的酒店

店里，物美价廉的商品吸引着各国游客。现代、发达、便捷、畅通的航空港使迪拜与世界的距离拉近了，使国际上一切美好、先进的文化、技术、商品、人才涌进了迪拜。

迪拜国际机场航站楼内景

阿联酋的夜景是十分美丽的。充足的石油、天然气资源使阿联酋毫不吝啬电力资源，昼夜通明的灯火把城市和道路照耀的格外亮丽。站在星级饭店的高层，俯瞰不夜城，明亮的路灯和装饰彩灯与密集的车辆长龙交汇成为一道亮丽的风景线，犹如移动的繁星跳跃闪烁。如果你驱车通过高架桥或海底隧道时，会感到像在神话里一般，一会儿在激流中涌进，一会儿又在海底里穿行，美丽的夜景会使你心旷神怡。

白天，当乘车游览阿布扎比和迪拜市容时，会更清晰地看到没有彩灯蒙住面纱的现代城区，没有灯光点缀的阿联酋依然美丽迷人。最令人难以置信的是，阿联酋已经建设成为一个五彩缤纷的花园国家。除了众多大面积的公园里种满鲜花，铺满绿色草坪以外，阿布扎比、迪拜等主要城区的路边、路中间和街心花园全部种满了树木和花草，一年四季，五颜六色，给人一种清新、整洁、舒畅的感觉。

阿联酋人的居住条件已不仅是有宽敞的住房，而是拥有豪华舒适的现代化设备的高档住宅。本地人一般都在政府赠送的土地上盖上了别墅，宽大的卧室、男女分开的大客厅、种满花草的大庭院。每一间卧室都有独立的卫生间，室内一切电气化，并拥有高档次的现代化设备。阿联酋的家庭主妇虽然不工作，但家中一般都雇佣外籍保姆、花工、甚至司机为他们打点家里的事情。阿联酋人盖房子，先盖围墙，然后种上树木，等房子盖好了，院内院外的绿化也同时完成了。

市区内盖的一些公寓楼都是饭店式管理，有物业和保安。室内家具、电器，以及厨房设施齐全，住户只要搬进个人生活物品就可居住了。公寓楼内还设有健身房、游泳池等，住户可享受免费的健身运动。很多一般生活水平的外籍工作人员都愿居住在这类公寓楼里。那些薪水较高的白领外籍人甚至居住在高档次的类似五星级饭店的公寓里。外籍人在阿联酋租用当地人的别墅也很方便，价格也合理，住得很舒适。当地的房地产业很发达，房地产商除盖了大片的居民楼和别墅外，还盖了很多小型别墅供居住在那里的人们居住和使用。

阿联酋人生活富足，家家都有高级轿车，有的家庭还有好几辆类似奔驰、宝马等名牌车辆，轿车成了他们的必需品。在市区大街上，除了为学生和外籍民工准备的公交车线和出租车

外，其他都是私家车。阿联酋人的车辆更新得很快，二手车市场上的车辆也不陈旧。迪拜和沙迦有着世界上最好的二手车市场，各类品牌车任你选择。几条街连成一片，成百上千的二手车被擦拭的焕然一新，让你目不暇接，好不壮观。

阿联酋人早已不是满足温饱的民族了，他们除了信仰伊斯兰教、享受高档舒适条件、拥有世界品牌私车、在绿地花草丛中充分享受大自然以外，还在不断追求高品质的精神生活。阿联酋各酋长国都拥有美丽的海滩、豪华的高尔夫球场、停靠昂贵的私人游艇的码头、综合型的商场、世界名牌商品的专卖店、各类运动场所、同时可放十多个电影的影院等。阿联酋的黄金市场也是海湾国家的一大特色。不仅吸引着外国游客，更有众多的阿拉伯人在这里选购。他们不惜重金购买首饰，并在市场上不断更新款式，卖掉旧款，再买新的。

迪拜酋长国高尔夫球场

(5) 高尔夫与游艇俱乐部

尽管阿联酋地处茫茫沙漠之中，草坪和水源对沙漠之国是非常缺少的东西，但在阿布扎比、迪拜等酋长国却早在建国初期就拥有了很好的国际标准的高尔夫球场，高尔夫俱乐部也不罕见。阿联酋本地人热爱高尔夫运动，特别是王室子弟更是这项运动的倡导者和参与者。

迪拜酋长国朱迈拉酒店旁边的"酋长国高尔夫俱乐部"（Emirates Gulf Club），就是经常举办地区赛事的一个场所。他是中东首个锦标赛级的草地球场，沙漠中的绿洲，也是所有参加过"迪拜沙漠精英赛"的欧洲职业高尔夫巡回赛选手们投票选出的排名第一的球场。"绿洲"球场是俱乐部的第二个球场，以贝都因游牧帐篷为设计主题的俱乐部会馆占地5 500平方米，是国际高尔夫球界的著名建筑之一。

迪拜酋长国山峰俱乐部（Emirates Hills）距离酋长国俱乐部不远。整个俱乐部占地200英亩，植物茂盛，景观优美，是典型的苏格兰式高尔夫球场，由世界著名球员科林·蒙哥马

酋长国高尔夫俱乐部

高尔夫比赛

利设计。球场中的独特设计包括了以阿联酋地图为造型的世界最大的过岭和蛇洞。这里的练习场可以容纳200多名球员同时挥杆，另外还有短杆练习区、推杆练习过岭，以及一个练习技巧的小型高尔夫球场。不仅如此，俱乐部提供的高尔夫教学课程在中东地区也同样是首屈一指的。

迪拜海湾高尔夫和游艇俱乐部（Dubai Greek Golf and Yacht Club）占地80公顷，是集运动和度假于一体的大型休闲设施。迪拜海湾高尔夫和游艇俱乐部不仅拥有世界级的高尔夫球场，还有一个拥有115个泊位的游艇码头。1995年，迪拜海湾高尔夫及游艇俱乐部首度作为亚洲巡回赛的赛场，之后又曾承办属于欧洲巡回赛的"迪拜沙漠精英赛"，是以俱乐部和迪拜酋长国联合举办欧巡赛赛事而著称的唯一高尔夫中心。

阿布扎比国际海上俱乐部成立于1993年，其目的是给阿布扎比摩托艇比赛提供一个稳固的组织机构。从那个时候开始，阿布扎比海上俱乐部就一直推动着摩托艇在阿联酋乃至海湾地区的发展。该运动俱乐部被任命为阿联酋海上运动联盟的国家权力机构，现在又是国际摩托艇运动协会的正式成员。阿布扎比国际海上运动俱乐部组织一些国际锦标赛，包括：F1摩托艇、F2 000摩托艇、近海摩托艇、喷气艇、游泳和空中表演。

（6）世界杯赛马

赛马是阿联酋的传统体育项目。主要赛事的举办大部分在迪拜和阿布扎比。由于一年中大部分时间天气都很炎热，因此每年11月至翌年3月为赛季。

阿联酋刚开始兴起赛马运动时主要是本国内的赛事。马为阿拉伯纯种马，骑士也是本地人，尤其是王室家族，从父辈到王子几乎没有人不骑马。于是骑马、赛马、看赛马也就成了阿联酋贵族的重要活动。为了加快本国赛马项目的开展，阿布扎比和迪拜两个酋长国开始组织国际赛马比赛。他们高薪聘请欧洲和澳洲的专业人员为他们组织一年一度的赛事。阿联酋的赛

夕阳下的皇家赛马场

马运动虽与西方相比较晚，但发展很快，大型赛马场都具有国际比赛的设施和评判标准。赛马场分沙地和草地两种，平坦的跑道分2 000米、1 600米和1 200米三个长度。

　　普通百姓和王室、官员均有不同的入场口。贵宾席入口内有豪华的休息室，贵宾观礼台上为王室成员配有舒适的沙发，其他人有宽大的座椅，有像头等舱一样的餐桌和星级饭店的饮食服务。老百姓可在普通站台上观看，甚至有人干脆就站在跑道旁边的绿地上观看。观看赛马不要门票，但可通过买彩票对参赛马进行有奖竞猜，如猜中可获大奖。近几年，迪拜政府已将原来的跑马场修建的更加豪华，致使迪拜世界杯赛马成为世界上最豪华最

赛马

昂贵的赛事，赌资已超过F1方程赛，奖金额高达1 525万美金。

比赛一般安排在周末，有时一周两场。在阿布扎比的比赛时间与在迪拜的比赛错开，可供爱好者兼顾各个赛事。在迪拜的比赛一般一个赛季组织23场比赛，在阿布扎比的比赛有11场。一场比赛分六个组，每组20匹马。迪拜一组为纯种阿拉伯马，其他五组为国际混种马。阿布扎比一组正相反，只有一组为国际混种马，其他均为阿拉伯纯种马。

每年迪拜组织世界杯赛马时，外国马和骑士来迪拜的国际旅费和运费均由迪拜方面负担。优惠的条件吸引了不少国家的赛马爱好者前来参赛。每次赛完后，总有不少外国驯马师通过比赛发现一些好马，买下后，带回国内。阿联酋赛马俱乐部经常为了鼓励更多的外国人参赛，就廉价卖给他们一些质量很好的马，在被外国人买走的马中，有一些在后来的赛事中表现出色。优良马种一般经过六个月至一年的驯养，就开始参加比赛了。

赛马场的马厩非常考究。阿联酋的王室成员都有自己的马厩，迪拜酋长、王储等的马厩最多能容纳300多匹马，并且非常现代，号称五星级马厩。赛马场宽敞的大院子周围是一间一间的马房，干净明亮，地上铺着碎木屑。院子中间两侧是遛马小道，有绿树墙围着，清净、舒适，环境很好。比赛后的马先遛一会儿，休息片刻，然后冲一个温水澡，将身上的泥土污垢洗干净，受伤的马还可以在此疗伤。获得第一名的马不能马上休息，他们要经过兴奋剂检测，方可过关。

迪拜赛马世界杯赛仪式

（7）传统的骆驼比赛

骆驼赛也是阿联酋的一个传统比赛项目。阿联酋的土地大部分是茫茫沙漠，骆驼是沙漠之舟，自古以来就是阿拉伯人必不可少的交通工具。即便在现代化的今天，骆驼仍是人类的朋友、伴侣，有些地方的骆驼仍然充当牧民的运输工具，但更多的已成为非沙漠地区游客观赏和旅游的工具。

赛骆驼一般在每年的10月到来年的4月，因为这段时间天气相对凉爽。观看赛骆驼和观看赛马一样，吸引了很多当地人和外国游客，只是场地不同。骆驼赛一般就在沙漠跑道上，有专门的赛骆驼场，当骆驼奔跑起来的时候，沙子和尘土飞扬，汽车随着骆驼队两边奔驰，车里的人一般是骆驼的主人或代理。场内场外的观众也可购买奖票，竞猜哪个骆驼能获胜，猜对了就有大奖。

拥有骆驼的人一般是有钱人，赛手是一些来自苏丹等贫困国家的穷人家的十几岁甚至更小的孩子。这些孩子因生活所迫，家人让他们来阿联酋学骑骆驼，当骑手。他们在炎热的夏季里，颠簸在骆驼背上，刻苦训练。赛骆驼时，游客们看到骆

赛骆驼

驼背上手挥鞭子，熟练驾驭骆驼的全是些年幼的孩子。学习骑骆驼很苦，一般有钱人家孩子是不会骑的。

为了延续这个传统的骆驼赛，又不影响孩子们的健康，阿联酋政府已经决定骆驼赛改为机器人驾驶，不再使用年幼的骑手。2005年机器人驾驶骆驼的试验已经成功，因此人们仍然可以看到在沙漠跑道上飞奔的骆驼。

（8）中东购物的天堂

阿联酋的迪拜、阿布扎比和沙迦被人们称为"购物的天堂"由来已久。早在上个世纪七八十年代，迪拜和沙迦就被认为是能够买到物美价廉商品的地方。世界各地的旅客在经停迪拜、沙迦时都免不了要在这里购买些电器、金银首饰、箱包、皮鞋等。20年之后，世界发生了巨大变化，亚洲的许多国家，特别是中国经济发展很快，物品极大丰富，但阿联酋仍不失其海湾乃至世界购物天堂的地位。

近些年来，迪拜、阿布扎比、沙迦为了保持其世界名牌市场的生命力，在不断发展经贸、旅游的同时，仍然下大力气，努力发展购物市场。在保持其传统的黄金市场、香料市场、箱

迪拜购物中心的大门

包市场、电器市场和小商品市场外，开拓了大量的国际品牌商品市场。迪拜和阿布扎比先后投入重金建设了众多具有地区甚至世界等级的大型商城，并且集娱乐、体育、餐饮、购物为一体，吸收了大批世界品牌的商家进入商城，使当地人、外国居民和游客都能购买到所需商品，并且物美价廉。地区政府利用各种节日进行促销活动，如购物节、夏日惊闻、开斋节、圣诞节、母亲节、父亲节等，采取各种方式促销。每逢圣诞节和年底都要进行大幅度打折活动，吸引当地消费者和海外游客，甚至外国采购团来到阿联酋进行购物。

迪拜和阿布扎比到处是商城和超市，购物非常方便。著名的购物中心（City Centre）、沃尔玛、家乐福、瓦菲购物城

迪拜购物中心的夜景

（Wafi City）、露露购物中心（lulu）古莱尔、莱姆希等世界品牌商城和阿联酋大家族经营的大商城等都是购物的天堂。那里商品丰富，具有各国特色，价格适中。这些商场的特色是，除了老百姓可购买的普通日用商品的超市外，还有世界各国的品牌专卖店，当地人和外国游客可根据自己的经济情况购买不同价位的商品。每到周末，各大商场的生意最红火，购买者络绎不绝。

迪拜购物中心（Dubai Mall）是号称世界最大的综合性购物中心，总建筑面积约为83.6万平方米，其规模远远超过了加拿大的埃德蒙顿摩尔和美国的明尼苏达州的美国摩尔。该商城位于世界最高塔——哈利法塔的繁华建筑群内，注资200亿美元，拥有1200多家商店和160家餐饮店。迪拜摩尔的主体建筑是一栋四层高楼，地上三层，地下一层。正面体为玻璃幕墙，透过玻璃墙，购物中心内部的布局一览无遗。商城

丝绸市场

的中间部分是一个高20米的巨型水族馆，各种鱼类在馆内游弋，游客可在购物的同时欣赏色彩缤纷的热带鱼。这里有面积达100万英尺的时装市场，拥有世界品牌的时装，被称为"世界新时装之都"。这里还有世界最大的黄金零售市场，款式新颖，品种繁多，质量顶级，吸引了众多世界女人，驻足挑选，流连忘返。与众不同的是，商城还为游客提供了许多娱乐休闲、度假观光的场所。巨大的迷宫般的儿童乐园、国际水准的影视世界、深受女子青睐的美容沙龙、一条3.5千米的步行大道公园，以及一个面积达430万平方英尺的浩瀚的人工湖等设施，对于那些长期生活在炎热沙漠地区的人们，这里清澈透底的湖水和绿树成荫湖畔是他们休息、纳凉、欣赏湖光水色的好地方。

阿布扎比商城也被称为是阿联酋最大规模的商城之一。阿布扎比商城的面积为20万平方米，拥有220个专卖店，世界绝大多数著名品牌都在这里开有分店。这是一个综合性的商城，在这里可以买到各种时装、奢侈品，如箱包、化妆品等，以及儿童服装和家用电器等。商城还设有40多种国际餐饮设施，如特色餐馆、咖啡厅等，另有6个电影播放厅。除此之外，在阿布扎比还有麦地那商城、波斯商城、米纳商城等一些大型购物商城。这些购物中心均拥有各类国际品牌的商品和具有阿拉伯和波斯特色的各种商品和纪念品。有的阿拉伯商城不仅特色商品吸引了众多游客，就其商城建筑风格和琳琅满目的店铺装潢也大大吸引了外国游客的眼球，他们纷纷拿出相机拍下这具有中东风情的商铺和商品，留作纪念。

在阿联酋的迪拜、阿布扎比、沙迦等酋长国都有规模不等的黄金街。由于阿联酋在很久以前就是著名的世界黄金市场，这里虽不产黄金，但是却进行黄金交易，例如买卖黄金、加工黄金、转口黄金等，因此在阿拉伯老城内建有传统特色的犹如

阿布扎比商城

迷宫似的黄金街。阿联酋市场上的黄金、白金、钻石、三色金等首饰款式多、新颖，受到当地居民和外国游客的青睐。很多人慕名而来，到阿联酋"轧金子"。

　　阿联酋的黄金街一般都建在老城内，古堡周围，街道两面都是挂满各类金银首饰的小店铺，街道地面至今仍然保持着原貌，经过数十年的风雨侵蚀及人们的反复踩踏，地面的石头路已经变得非常光滑。黄金街里三层外三层，很多店都有前后两个门，从前门进，后门出去时，就上了另外一条街。原本玻璃橱窗和柜台里的黄金首饰就已经是金光闪烁了，到了晚上，加上灯光，店和店的金光连成一片，非常耀眼、独特、壮观，就是不买黄金，也值得观赏这一奇观。为了扩大黄金市场，最近几年，阿联酋又建造了一座规模宏大的黄金专卖市场，楼上楼下，各种首饰应有尽有，令人目不暇接。对于比较贵重的黄金项链或手链，一般都摆在较讲究的盒子里或摆放在老板身后的柜橱内，一般款式的首饰都分类摆放在柜台内，还有一些大宗首饰的样品干脆就挂在门面的玻璃橱窗里，各式各样，金光闪闪的，很能招揽顾客。如果你想选购一种式样，老板会给你拿出一大堆同类饰品，供你选择。中国人很喜欢18K三色金项链，这种项链款式多，金白色相间或金白淡红色相间，很好看。还有成套的首饰，如项链、手链、戒指、胸花等，买上一套佩戴，很有品位。戒指的款式也很多，有的是金银相配，也有白金和黄金相配，还有与钻石搭配的；有的细腻轻巧，适合中国人佩戴；也有的式样很夸张、体积大、重量高、颜色耀眼，适合阿拉伯人佩戴。

　　黄金街内的生意从来就没有萧条过，总有不少当地身穿黑袍的女士在那里挑选首饰。当地妇女还经常是把过时的首饰拿到金店里换成新款首饰，不断更新所佩戴的饰品。很多外国游客也慕名而来，选购自己满意的饰品，因为有的款式在其他地方是找不到的。

迪拜的街头金店

黄金市场

城市介绍

1. 阿布扎比酋长国

阿布扎比酋长国为阿拉伯联合酋长国的首都，是该酋长国的首府，其面积在七个酋长国中最大，为67340平方千米，包括约200个岛屿，占国土总面积的86.7%，人口230万。

阿布扎比是国家总统所在地，联邦政府各部委、联邦法院，外国驻阿使馆及国际机构总部均设在阿布扎比。

阿布扎比始建于1761年，最初的居民主要以捕鱼、采捞珍珠和饲养牛羊、骆驼为生。阿布扎比市原来是一个孤立的小岛，只有退潮时才与南部沙漠的陆地相接，现在已有桥梁相通。从地图上看，在阿布扎比岛周围，有着无数个散落着的小岛，这些岛屿均属于阿布扎比酋长国。目前已经开发并利用的岛屿主要有作为野生动植物自然保护区的锡尔·巴尼亚斯岛（Sir Bani Yas）、用于文化特区的萨蒂亚特岛（Saadiyat）、举办世界一级方程式赛车的亚斯岛（Yas）和最早有人类生存的达勒玛岛（Dalma）。

20世纪60年代后，特别是在1971年成立阿拉伯联合酋长国后，随着大量的石油的发现和开采，阿布扎比发生了翻

阿布扎比
ABŪ DHABI

波斯湾
Persian Gulf

波斯湾
Persian Gulf

海滩医院
Beach Hospital

旅行者俱乐部
Tourist Club

谢拉顿饭店
Sheraton Hotel

印度人社交中心
Indian Social Centre

默里迪恩饭店
Meridien Hotel

艾因宫饭店
Al Ain Palace Hotel

电影院
Al Marial Cinema

水塔
Onion Tank
Water Tower

阿布扎比国家银行
Nat. Bank of Abu Dhabi

邮局
Post Office

电影院
Eldorado Cinema

钟楼
Clock Tower

中央市场
Central Market

市政府
Municipality

消防站
Main Fire Station

海军总部
Naval H.Q

石油局
Department of Petroleum

公共汽车站
Bus Terminal

扎伊恩第二街
Zayid The Second St.

麦地纳扎伊德
Machina Zayed

警察局
Police Station

国家图书馆及文化中心
National Library &
Cultural Centre

大清真寺
Grand Mosque

新闻社
Emirates News

邮局
Post Office

新闻和文化部
Ministry of
Information & Culture

教育部
Ministry of
Education

公墓
Cemetery

卫生部
Ministry of Health

高尔夫俱乐部
Golf Club

邮政总局
General Post Office

内政部
Ministry of the Interior

国防部
Ministry of Defence

法拉赫街
Falah st.

扎伊德街
Zayid st.

海兹扎·本
Hezza Bin

曼哈勒宫
Al Manhal Palace

阿布扎比俱乐部
Abu Dhabi Club

花园
Garden

总医院
General Hospital

体育场
Stadium

移民局
Department of Immigration

艾尔曼哈勒街
Al Manhal st.

哈立德街
King Khalid st.

苏丹街
Sudan st.

公共工程部
Ministry of
Public Works

那扬街
An Nahayan st.

巴廷街
Batin st.

穆萨拉艾德
Mussalo El Eid

交通警总部
Traffic Police
Headquarters

拜廷宫
Batin Palace

穆什拉夫宫
Mushref Palace

机场路
Airport Rd.

骆驼赛场
Race Course

赛义德·本塔赫努恩街
Said Bin Tahnoon st.

第一街
The First st.

阿布扎比街景

天覆地的变化，昔日荒凉、落后的景象已经一去不复返。到80年代末，阿布扎比已建设成为一座繁华的现代化都市。

阿布扎比市坐落在一个岛屿上，尽管东北部面临广阔碧蓝色的海湾，但大部分土地却是茫茫沙漠，尤其是南部的绝大部分为一片沙海。经过40多年的与沙漠抗争，阿布扎比酋长国凭借着其雄厚的经济实力，投入了大量资金植树造林，改良沙化的土地，现在的阿布扎比已经到处是纵横交错的公路，宽阔整齐的街道和造型各异的高楼大厦，阿布扎比、艾因等主要城市已经成为了美丽的花园城市。到那里去旅游的很多游客除了购物以外，必定还去观赏阿布扎比海滨大道、人工岛、红树林等景观，以及路边的花坛和一年四季都鲜花盛开的公园、高尔夫球场、赛马场、儿童乐园等。阿布扎比路边的艺术雕塑独具特色，成为城市的一个亮点，如火山瀑布、阿拉伯陶壶、海湾六国纪念碑等。阿布扎比人工岛上建造有世界上最大的一面国旗，它飘扬在空中，画面犹如电脑制作一般神奇，吸引众多游人驻足观看。

作为阿联酋的首都，联邦总统和重要王室所在地，阿布扎比与迪拜相比，城市建设要显得传统和规范。近些年，阿布扎比新生代领导人执政以后，推出一系列的城市基础设施建设计划与构想，凸显其思想解放，生机勃勃，与国际接轨的现代理

阿布扎比市

酋长国宫酒店

阿布扎比滨海长廊

念。近几年，继迪拜酋长国之后，阿布扎比又成为了世界建筑师展示才艺的天堂。特别是号称"八星级"的"酋长国宫酒店"建成后，立即成为了城市的新亮点，招来了大批国内、国际游客的观光旅游和下榻，还成为招待世界各国国家元首和举办海湾六国首脑会议的定点酒店。驱车行驶在阿布扎比海湾大道上，昔日人工岛旁破旧的景象已不复存在，展现在眼前的是宽阔的路面和拔地而起的高大的现代化写字楼、酒店，它们形态各异，错落有致，形成了一道美丽的风景线。环绕着阿布扎比海岸线的阿布扎比海滨大道总长十余千米，不仅种植着椰枣树、灌木树丛和高大的桉树，还修建了许多风格各异的小花园、绿草地和喷水池，与路旁的湛蓝大海融成一片，形成阿布扎比又一道靓丽的风景线。城市街道中央除建有各种标志性的城市雕塑外，还搭有一些阿拉伯式的帐篷，帐篷下摆放着有木制座椅，供游人休闲之用。街道旁还设有一些小餐饮亭、报亭等。阿布扎比众多的购物中心也是该城市建设的不可或缺的一些建筑群，吸引了国内外人们前来购物。

阿布扎比酋长国东部和西部各有一块绿洲，这就是利瓦和艾因。利瓦是阿拉伯半岛上最大的绿洲，也是通往拉布哈里的入口。利瓦距离阿布扎比约5个小时的车程，途中经过世界上最大的几个沙丘。艾因是阿布扎比酋长国的第二大绿洲城市。艾因的历史可以追溯到公元前4 000年，阿联酋建国之后已发展成为一个现代化的花园城市。艾因市内有动物园、大片的绿地公园和街心花园。这座城市的特点是，每条街道都有水、有风景、有雕塑、有林荫，唯独没有高层建筑，就连艾因阿联酋大学、国家博物馆、酒店等设施也均为低层的阿拉伯特色建筑群。艾因同时还是阿联酋最大的农业中心之一。

阿布扎比的主要经济来源和财政收入仍然是石油和天然气产品，石油储量占阿联酋全国的95%。随着经济多元化战略的实施，阿布扎比除石化工业外，还大力发展食品加工、卷烟、成衣、机械维修、水泥、塑料等，同时加大贸易转口、旅游、

艾因街头花园

阿布扎比城市一角

购物、酒店、航空等服务业产业的发展。建于1972年的扎耶德港口得到了较快发展，设备现代完备。另外，在阿布扎比和艾因各有一个大型国际机场，市内交通便利，连接各酋长国和与周边国家之间的高速公路四通八达，通信设施先进。

随着阿布扎比城市建设的逐步完善，各类世界级的购物中心、超星级酒店、国际会议宫、海滩浴场（其中包括一个女性专用海滩）、游乐场、滑雪场等设施像雨后春笋般建立起来。传统的跑马比赛、骆驼比赛、冲沙等项目越搞越红火。老城的古城堡、古玩店、博物馆等也吸引了不少外国游客。此外，阿布扎比还有众多的商务休闲场所，现代化的会议中心、温泉度假村、高尔夫球场、游艇俱乐部等，当然还少不了传统的阿拉伯露天市场和品尝各种美味佳肴的餐馆、咖啡厅、水烟坊等。

位于阿布扎比岛东北部的扎耶德港于1972年6月正式启用，扎耶德港长4300米，水深在9～11.5米之间。该港口是阿布扎比进口商品的重要口岸，随着港口设施的更新扩建，港口的吞吐能力不断提高，年装卸货物量超过500万吨。港口可泊靠各类船舶。

2. 迪拜酋长国

迪拜是阿拉伯联合酋长国的第二大酋长国，位于阿拉伯半岛中部，阿拉伯湾南岸，与南亚次大陆隔海相望，出入波斯湾霍尔木兹海峡内湾的咽喉地带。迪拜沿海岸线呈西南到东北的走向，长115千米，最宽处10余千米。迪拜面积3900平方千米，人口150万，外国人比例超过80%。

20世纪50年代，迪拜还只是波斯湾沿岸的一个滨海小镇，人口也不过5000多人，大多是目不识丁的牧民，由马克图姆家族统治。1958年首任酋长拉希德·本·赛义德·马克图姆上任时，由于受传统部落式的治国方式的制约和缺乏经济实力开发利用石油资源等因素，迪拜只有采珠业、渔业和贸易等传统经济。1966年迪拜发现石油，1969年首次开采，最高年产量曾达1790万吨，有着稳定的石油收入，迪拜从此发生了根本的变化。1971年12月与阿布扎比等其他六个酋长国组成联邦，正式建立阿拉伯联合酋长国以后，迪拜酋长国长期奉行自由经济政策，用石油美元建成了一系列现代化的基础配套设施。老酋长远见卓识，主张尽快摆脱对石油的依赖，力图凭借先进的设施和优越的地理位置及转

弯
lf

科威特医院
Kuwait Hospital

饭店
Hotel

巴拉哈
Al Baraha

体育场
Stadium

阿布舍勒
Abu Hail

胡尔安兹
Hur Al Anz

悦酒店
Regency
Hotel

凯悦高尔夫球场
Hyatt Golf Park

Al Omar Ibn Al Khattar St.

Rasheed Rd.

沙利马尔公园饭店
Shalimar Park Hotel Dubai

饭店
Hotel

萨菲亚
Safia

业
aghaya

迪拉
Deira

饭店
Hotel

饭店
Claridge Hotel

穆蒂纳
Al Mutina

警察局
Police
Regga West

萨卜哈
As Sabkha

西拉贾
Regga West

马克图姆医院
Al Maktoum
Hospital

迪拜电影院
Dubai Cinema

市场
Suq

饭店
Hotel

菲尼基饭店
Phoenicia Hotel

Salah Ad Din al Ayubi Rd.

警察局
Police Station

邮局
Office

卡尔顿饭店
Carlton Hotel

公墓
Cemetery

东拉贾
Regga East

穆 拉贾巴特
Al Murqabat

哈比西
Al Khabisi

司法部

绿洲饭店
Oasis Hotel

迪拜洲际饭店
Dubai Intercontinental Hotel

迪拉电影院
Deira Cinema

公共工程部
Ministry of Public Works

市政府
Municipality

科威特大使馆
Kuwait Embassy

公墓
Cemetery

拜
i

英国大使馆
British Embassy

谢拉顿饭店
Sheraton Hotel

饭店
Hotel

劳工和新闻部
Ministry of Labour
and Information

石油纪念碑
Petroleum Monument

哈姆里亚
l Hatnriya

lid Ibn al Waleed St.

Maktoum Rd.

钟楼
Clock Tower

波特赛伊德
Port Sa'id

里哈卜罗塔纳饭店
Rihab Rotana

希尔顿迪拜河饭店
Hilton Dubai Creek Hotel

电影院
Cinema

迪拜法院
Dubai Court

Dubai Creek

中心点购物中心
Centre Point
Shopping Centre

乌姆胡赖尔
Um Hurair

英国文化协会
British Council

卡拉马
Karama

广播电台
Radio Station

邮局
Post Office

拉希德医院
Rashid Hospital

供水部
Water Supply Dept.

体育场
Stadium

东扎比勒
Za'bil East

迪拜水城景观

口贸易等优势，将迪拜向商业、贸易方向发展，使商业成为石油产业之后的第二大经济支柱。

迪拜城是由一条有海湾穿过长约15千米的陆地组成，海湾把迪拜分为两部分。首先是南部的拜尔迪拜（Bur Dubai），这是迪拜的老城区，是酋长国官方活动的所在地，有酋长、副酋长和王储办公的地方和大部分政府行政机构，如海关、港口、广播、电视、邮政、水和电的机构、经济部门、阿联酋航空公司、迪拜旅游局、土地管理局等。北部是代尔迪拜（Deira Dubai），是迪拜的新城区。有各种市场和贸易中心、也有一些政府机构，如石油事务局、市政府、新闻局、迪拜工商会、警察总局、民航总局、迪拜机场、旅游与推销局、卫生与医疗服务机构等。另外迪拜还有26个部和国家机构办公的地方，被称为新迪拜的代尔迪拜发展很快，最令人瞩目的是迪拜国际机场，已成为本地区最繁忙和最大的现代化客、货空港。另外，在新迪拜城区有本地区最大的经济自由贸易区——杰贝勒·阿里自由贸易区。该自由贸易区建于1985年，面积100平方千米，现有100多个国家和地区的5 000余家公司在该区投资。该区内还建立了世界上最大的人工港。该港和拉希德港的集装箱吞吐量达350万个，居世界第二。迪拜还拥有世界上最大的干船坞。

1979年，迪拜酋长国以世界贸易中心大楼为标志的一批高层建筑建成之后，在谢赫扎耶德大道两旁又先后建起了诸如阿联酋塔饭店、

皇冠酒店、迪拜杜希酒店、香格里拉饭店、迪拜菲尔蒙酒店、迪拜君悦饭店等五星级酒店和写字楼。另外，在阿拉伯湾沿海朱迈拉豪华区内的酒店更是超五星级的档次和服务，如闻名世界的阿拉伯塔七星级饭店（帆船酒店）、号称六星级的麦地那和平酒店、朱迈拉宫酒店、朱迈拉海滨饭店和与国际连锁酒店喜来登、希尔顿、凯悦、君悦等五星级以上酒店先后拔地而起，成为迪拜城市建设的一道非常靓丽的风景线。

近十几年来，老酋长的遗愿在迪拜新生代领导人手中得到了很好的实施和发展。迪拜的经济发展日新月异，城市建设、人民生活发生了翻天覆地的变化。如今，迪拜已经成为世界知名城市，它优越的地理条件，前卫的发展理念，宽松

迪拜河

迪拜河畔

的经济政策，良好的投资环境，祥和的社会氛围吸引了众多商人到这里投资，使各国一流人才在这里得到施展，同时也吸引了更多的各国平民百姓来到这里谋职、生存。目前，迪拜人口已占了全国总人口的25%，GDP总值增长了230%，经济发展的多元化战略使迪拜成为中东地区新崛起的最繁华的商贸旅游中心。

在通往首都阿布扎比的扎耶德大道两侧，更是一片欣欣向荣的建设景象：拥有国际标准的巨大室内滑雪场的世界最大的综合性商城已建成；以六个国家的标志性建筑为特色的伊本·巴图塔商城2005年4月开业；由迪拜最大的房地产公司伊玛尔集团建设的别墅住宅区已经建成；朱迈拉公寓城、水母酒店、迪拜科技园区、世界最高塔——哈利法塔、世界最大商城——迪拜商城、城市轻轨、迪拜水城、迪拜商业湾、迪拜置地项目等一大片房地产项目大多已经竣工启用，为迪拜继续发展旅游和服务产业打下了坚实的基础。

迪拜酋长国的各项基础设施建设在近十几年得到了飞速发展。陆路、海路、航空交通四通八达，为促进迪拜的现代化经济、贸易等方面的发展发挥了重大作用。迪拜的杰贝勒·阿里自由贸易区从开始到现在已经出现了众多自由贸易区和工业区，规模之大，发展之快，在中东地区极为罕见。迪拜的各项文化、旅游、购物等设施更是如雨后春笋般地建设起来，吸引了大批国内外游客前来度假、观光、投资、购物。

迪拜谢赫扎耶德大道

3. 沙迦酋长国

沙迦是阿联酋第三大酋长国，面积2 600平方千米，占全国总面积的3.3%。沙迦西临阿拉伯湾，东靠阿曼湾，人口70万，占全国总人口的16%。

沙迦是阿联酋七个酋长国中唯一一个在阿拉伯海湾及阿曼湾均有海岸线的酋长国，其辖区除首府沙迦市外，还包括迪巴（Dibba）、豪尔法坎（Khorfakkan）等城镇。沙迦是该酋长国的政治、经济和文化中心，也是酋长国王室及主要政府部门的所在地。沙迦交通位置重要，它地处阿联酋北部地区的中部，是连接南北部酋长国的枢纽，是南北陆路交通的必经之路，同时也是唯一一个横穿北部东西陆路交通的酋长国。由于沙迦得天独厚的地理位置，使得其经济、文化、旅游的辐射面积大大超过了其国土面积，自1965年开始就成为重要的国际交通枢纽。沙迦国际机场建于1932年，是阿联酋的第一个国际机场。该机场是通往欧洲、亚洲、远东的中转站。同时，得益于其非常便捷的连接各酋长国和走遍海湾国家的陆路交通，以及其横跨波斯湾和阿曼湾的水路便利，沙迦酋长国在波斯湾沿岸建设了哈立德（Khalid）

波斯 斯
Persian Gul

卡尔顿饭店 里维埃拉饭店 海湾饭店
Carlton Hotel Riviera Hotel Gulf Star Hotel
谢 赫 苏 丹 阿
默里迪恩饭店 Shaikh Sultan al Awal
Meridien Hotel 汽车旅馆
哈恩 Summerland Motel
Al Khan
海勒迪亚
Al Khaldia

哈恩潟湖
Khan Lagoon
沙迦政府大厦
Sharjah Buildings of
Government Department

电影院
Cinema 贾辛拉
电影院 Jazeira
Cinema
电影院
Cinema 马尔拜拉俱
Marbella C
金冠饭店 假日饭店
Golden Crown Hotel Apartment Holiday Inn
努尔清真寺
Al Noor Mosque
联邦饭店
Federal Hot
哈 立 德 潟 湖 舍巴饭店
Khalid Lagoon Sheba Hotel

阿卜杜拉·伊本·阿巴斯清真寺
Abdullah Ibn Abbas Mosque

马贾兹
Majaz 马贾兹公园
Al Majaz Park
Al Wahda Rd.

工业区 工业
Industrial Area Industrial

弯

哈立德深水港
Mina Khalid Deep Water Harbour

蒸汽发电站
Steam Power Station

莱亚
Layyah

莱亚锚地
Layyah Khor

快艇码头
Yacht Jetty

莱亚沙嘴
Layyah Spit

苏克船渠
Suq Basin

洲际饭店
Intercontinental Hotel

博物馆
Museum

马里贾
Al Marija

公墓
Cemetery

商会
Chamber of Commerce

水果和鱼类市场
Fruit & Fish Mkts.

Corniche Rd.

医院
Hospital

宫殿
Palace

沙尔格
Ash Sharq

电影院
Cinema

新闻局
Ministry of Information

商业中心
Booj Ave Commercial Centre

舒海安
Ash Shuhcen

阿

巴

电力局
Electricity Dept

市场
Municipal Mkt.

穆贾拉
Al Mujjara

电影院
Cinema

Al Arooba Rd.

大桥
Bridge

苏尔
As Soor

乌姆塔拉法
Umm Tarafa

朱韦尔
Al Guvair

剧院
Theatre

纳巴
An Nabba

布蒂纳
Bootina

哈德公园
had Park

舍尔格公寓饭店
Al Sharq Furnished Suites

邮局
Kuwait Spr

妇产医院
Maternity

医院
Hospital

医院
Hospital

交通警察局
Traffic Police

新市场
New Suq

科威特广场
Kuwait Spr

Az

Zehra

首长宫
Ruler's Palace

市政府
Municipality

司法部
Ministry of Justice

公墓
Cemetery

警察总部
Police H.Q.

劳工局
Labour Office

卡西米
Al Qasimi

祈祷场
Prayer Ground

广播电台
Radio Station

马哈塔博物馆
Al Mahatta Museum

马纳赫
Al Manakh

水利部
Water Dept.

迈萨卢温
Maisaloon

纳西里亚
An Nasiriyia

Kuwait Rd.

电话电报总局
Telephone & Telegraph H.Q.

亚尔穆克
Al Yarmook

Kuwait Rd.

费哈
Al Fayha

曼苏拉
Al Mansura

贾拉
Shagara

Al Wahda Rd.

工业区
Industrial Area

朱比巴
Al Gubbiba

宫殿
Palace

拉姆拉
Ar Ramla

远眺沙迦

沙迦街景

港和哈姆瑞亚（Ilamriya）港，在阿曼湾建设了豪尔法坎（Khorfakkan）港，并配备了先进的装卸设备。此外，沙迦还有很发达的通讯和邮政设施建设，以及面积约1 000多平方米的哈穆瑞亚空港自由贸易区。

沙迦也是最早科学规划发展多元化经济的酋长国之一，主要发展的行业有：建筑、贸易、旅游、文化和服务业等。石油收入是沙迦经济来源之一。它的石油开采比迪拜晚，在1974年才首次开采出石油。

沙迦还是阿联酋的工业中心，工业产值占阿联酋国内工业生产总值的45%，主要有食品加工、纺织、塑料、玻璃及石化工业等，从工厂数量和工业产值来看，仅次于迪拜。

沙迦的经贸活动也很频繁，每年举办多种展会，与其他国家，特别是周边国家进行经贸往来。2000年，中国机电产品展览中心在沙迦落成，每年举办中国商品交易展，成为了中东地区的广交会。

虽然沙迦和迪拜相邻，但发展情况截然不同，沙迦的经济发展较为平稳缓慢，但城市美化却别具特色，被称为中东地区著名的文化名城。沙迦酋长谢赫苏尔坦·本·穆罕默德·卡西米殿下长期以来重视教育、伊斯兰文化和文物保护等事业的发展。1998年，联合国教科文组织（UNESCO）特授予沙迦"阿拉伯世界文化之都"的称号，以表彰其在文教领域的突出成就。从沙迦的城市建设来看，就可感觉到厚重的文化氛围，很多地区还保存着石油时代前的建筑和街区。沙迦拥有20多家博物馆，其中沙迦博物馆和沙迦艺术博物馆内收集了阿拉伯世界许多艺术珍品，讲述了阿联酋和沙迦酋长国的悠久历史；考古博物馆和伊斯兰博物馆内也分别收藏了众多古代文物和艺术品。此外还有科学博物馆、儿童活动中心、自然历史博物馆等。沙迦拥有著名的沙迦美国大学、沙迦高等技术学校等高等学府，拥有众多的公立和私立学校和培训中心。

相对迪拜来说，沙迦是一个宗教气氛更浓的酋长国。在这里，是绝对禁止饮酒和在饭店内设立酒吧的。文化广场，又称古兰经广场，因广场中央建有一个翻开着的巨大古兰经雕塑而闻名。在其后面的白色建筑，是酋长办公室，左边是皇家礼拜清真寺，右边是文化宫，另一边则是大会堂。沙迦城内有著名的珍珠纪念碑，是七个酋长国团结统一的象征。另外有费萨尔国王大清真寺、沙迦图书馆、酋长宫、古代城堡等具有伊斯兰特色的各类建筑，都为这个古老的城市增添了几分文化氛围。中心市场，俗称火车头市场，因其酷似火车头部形状而得名，是著名的手工艺品中心和阿拉伯风格工艺礼品的集市。阿治曼美丽的海边一直延伸到沙迦，沿途可见到传统的阿拉伯木制货船和繁忙的货运码头。

沙迦伊斯兰文明博物馆

4. 哈伊马角酋长国

哈伊马角位于阿联酋最北部，坐落于哈贾山麓，靠近霍尔木兹海峡，面积1 700平方千米，占全国总面积的2.2%。哈伊马角海岸线长64千米，有众多岛屿，其中大、小通布岛距酋长国最近。南部、东北部与阿曼有较长的边界线。该酋长国1972年正式加入阿联酋联邦，成为阿联酋第七个成员。

哈伊马角历史悠久，曾一度成为海湾南岸的贸易中心，其船队远航至印度孟买和东非的主要贸易港口。该酋长国主要经济支柱是渔业和农业等传统产业。土地可耕地面积大，地下水储藏丰富。农业种植面积大，主要生产蔬菜、农作物、水果、椰枣等。该地区还饲养骆驼、牛、羊，生产肉食品和鲜奶，另外以捕鱼、采珍珠著名，鱼类除自给外还有部分出口。因此哈伊马角是阿联酋的一个非常重要的港口、渔业和农业中心。实行联邦制以后，哈伊马角实现了经济工业现代化，主要出口建筑用石料、炸药和医药。哈伊马角拥有一个储量较少但是非常重要的油田——萨里赫滨海油田，日产原油10 000桶，使该酋长国可以保证其稳固的经济增长和发展。工业产品主要有水泥、建材、药品、矿泉水和食品等。

哈伊马角境内名胜古迹也较多，有城堡、陵墓、宫殿、清真寺等60多座，还有一个涉及考古、民族学和历史的博物馆。

哈伊马角酋长国海滨

5. 富查伊拉酋长国

富查伊拉面积为1 300平方千米，是唯一一个距阿拉伯湾最近的酋长国，地形狭长，依山傍海。在阿拉伯联合酋长国成立及其基础设施未得到发展之前，富查伊拉曾经孤立于阿联酋地区之外。1979年第一个全天候山间公路开通后，富查伊拉才得以向整个阿联酋开放，从此开始充分利用自己得天独厚的地理条件发展旅游业。在这里有环境优雅的海滩，是最好的潜水和深海垂钓场所。

富查伊拉港口建成于1982年，是装载集装箱的码头，也是阿拉伯半岛主要的牛羊中转站。富查伊拉有许多古迹，如古老的葡萄牙城堡和瞭望塔，包括建于1670年的富查伊拉城堡。

富查伊拉炮台

富查伊拉酋长国的住宅楼

6. 乌姆盖万酋长国

乌姆盖万是一个很小的岛屿酋长国，是海湾地区最古老的酋长国之一。乌姆盖万也是一个城市，面积只有780平方千米，相当于阿联酋面积的1%。它位于海湾沿海，海岸线长24千米，西面是沙迦酋长国，东面是哈伊马角酋长国，国土长32千米，距离沙迦32千米，距哈伊马角43千米。位于乌姆盖万市东南的达勒吉地区地势略高，是农业区。紧靠乌姆盖万的西尼亚岛以鸟多闻名。

乌姆盖万在阿联酋的位置

乌姆盖万纪念金币

1976年，乌姆盖万发现了天然气，并划分为五个区域向国外公司租让勘探石油和天然气权力。在发现石油和天然气资源以及阿联酋成立之前，乌姆盖万仅是一个孤独而贫穷的小岛，现在的主要经济以加工工

乌姆盖万休闲酒店

业为主，并且在农作物种植方面取得成功。这里种植着各种谷物、黄瓜、茄子、辣椒、西瓜、甜瓜、烟草等，但最主要的还是椰枣、西红柿和柠檬。乌姆盖万的椰枣种植园遍布东海岸巴塔河谷一带，温室效应给乌姆盖万带来了降雨。乌姆盖万的畜牧产品也很丰盛，其中包括牛肉、小牛肉、羊肉、羊羔肉、山羊肉、禽肉等。每年产的鸡肉可供阿联酋市场的30%。另外还有牛奶、山羊奶、绵羊奶等奶制品。鸡蛋可供应整个阿联酋市场。乌姆盖万的渔业也是传统工业之一，并建有一个海洋生物研究中心，日本向其提供了先进技术和设备，以普及和推广人工养殖。

乌姆盖万清真寺

阿治曼博物馆

7. 阿治曼酋长国

阿治曼紧靠沙迦，面积260平方千米（含岛屿），占全国总面积的0.3%，是阿联酋面积最小的酋长国。现任酋长哈迈德·本·拉希德·阿勒纳伊米。

阿治曼酋长国的经济以中、小型加工工业为主，现有工厂154家，并建有经济自由贸易区，制定了投资法，为投资者提供便利，以吸引投资。

阿治曼的木船制造工业在海湾地区名列前茅，另外还有海上工程、生产水泥、化肥、服装、洗涤品、卫生品、海绵、家具及糖果、鱼和肉类罐头、奶制品工业等。捕鱼业在该酋长国经济中仍占重要地位。此外，阿治曼农业、商业也有很大发展，市场呈多元化。

名胜古迹

1. 城堡里的迪拜博物馆

　　迪拜博物馆是由法海迪（Al Fahidi Fort）城堡改建而成，这座城堡历史悠久，始建于1799年，曾经是守护迪拜的军事要塞，也曾作为酋长宫、守军驻地、监狱和弹药库，是迪拜最古老的建筑物。城堡为方形建筑，上方为防卫塔，依据古代伊斯兰风格设计，无任何装饰。在古代，城堡是防务中心，城堡失守意味着城市沦陷。博物馆主要展示一些近年来考古学家发现的陶器、兵器和古币等出土文物；传统的民居，犹其是迪拜民居是海湾地区民居的范例；以图片、模型和实物介绍19世纪迪拜人造船、捕鱼、采珠、经商等贸易活动的情况等。此外，博物馆还介绍了贝都因人的生活。

人文地理

迪拜博物馆

室内展区部分位于古堡底层，是一个仿古集市，展现阿拉伯传统风貌的艺术馆，其中包括已有三四千年历史的古墓铜器，值得慢慢欣赏。在古堡里参观，一步一风情，一物一历史，可以看到和听到或是一家人围坐炉边惬意温馨的画面，或是工人敲打铜器的声音，或是那个牵骆驼的衣衫褴褛的路人，又或是妇女头顶香料的情景，样样都那么生动，件件都那么栩栩如生。

　　博物馆的大院里，陈列着一艘旧时保留下来的大帆船，如今它已经成为了博物馆的象征。门口还陈列着一些当年迪拜守卫军使用过的大炮、小炮等武器装备。

　　在博物馆院内的一个展馆，采用了投影的方式演示阿拉伯人过去的生活场景，逼真地再现了石油时代之前阿拉伯人的日常生活和民俗风情。陈列馆内，还展出了一些旧时阿拉伯人使用的乐器，生活用品、采集加工珍珠的工具等。还有从艾古沙

迪拜博物馆

尔亚遗迹出土的4 000年前的精美的铜器、石膏制品和陶器等文物。

博物馆的另一个大展室内，陈列着海洋生物的标本，以及通过实物和人物塑像等实景表现当年海湾居民在水下采捞珍珠的情景。馆内还陈列了珍珠商人曾经使用过的确定珍珠重量和大小的秤和尺，过滤珍珠用的筛子，将阿拉伯人的沙漠和航海生活完整地再现于游客面前。

迪拜博物馆向参观者展示了迪拜是如何由传统的部落游牧生活发展到定居生活；由简单的手工业、捕鱼、采珠等发展到小型工业；迪拜老酋长如何带领迪拜人民与沙漠和贫穷抗争，又如何发现石油、开采石油、以石油换取财富，改变人民生活，进行迪拜现代化建设的。迪拜博物馆不仅成为外国人了解迪拜的一个窗口，同时也是迪拜人的后代了解他们祖先的一个极好课堂。

迪拜博物馆炮台

2. 闻名世界的阿拉伯塔饭店（帆船酒店）

阿拉伯塔饭店（Burj Al Arab）是一座建在离陆地280米远的人工岛上的超豪华酒店，号称七星级饭店。酒店的外形像一个扬起的风帆，高耸于阿拉伯海湾，成为代表这一地区航海历史和文化的标志，也成为迪拜酋长国的象征。

阿拉伯塔饭店始建于1994年，1999年12月完工，历时5年，耗资约10亿美元。据说，当时有3 000多家公司，250位设计师参与设计和施工，其中主要的设计师是一位马来西亚华裔女性。该饭店的地基是巨大的填海工程，在水深40米处用250根桩基将饭店的主体建筑固定在海床之上。饭店的土木工程建设用了70 000立方米的水泥，9 000吨钢材。饭店的外表面犹如巨大的屏幕，用43 446平方米的双层纤维玻璃粘贴而成，当属世界建筑史上首次采用大规模直立粘贴方式。饭店门口椭圆形的旋转瀑布装有20 000升水，瀑布喷射经过程序化设计，充分显示了水中焰火的壮观景色。

饭店大厅金碧辉煌，地毯、沙发、接待台以及抬头便可望到顶的各层客房和中庭，各种颜色搭配协调。内部设计别具一格，阶梯式人工瀑布位于通往二层大厅的扶梯之间，瀑布里雾化水同光学原理相结合，形成独特的万花筒效果。水和雾气沿着布满玻璃晶体的台阶向下流，形成拱形的水花，同五颜六色的光纤维交相辉映，像舞蹈表演一样欢快跳跃。客人乘扶梯而上，

阿拉伯塔饭店

晚霞中的阿拉伯塔饭店（帆船酒店）

阿拉伯塔饭店饭店（帆船酒店）内景

映入眼帘的是世界上最高的200米的中央大厅，两侧耸立着金色圆柱，坐落其中的喷泉，喷水形状变幻多姿，最为壮观的是强压将水喷射到32米的高度，然后纷纷扬扬散落到水池中，而无滴水外溅。

饭店的内部装修共用了30种不同的大理石，总面积为24000平方米。令人惊叹的是饭店内部装潢用了大约8000平方米的22K黄金片，粘贴在立柱、地面、墙面和客房内的各类用具上。饭店的总高度为321米，27层复式客房，相当于54层。饭店共有7种类型的客房202间：普通单人套间、全景套间、俱乐部套间、双人套间、三人套间、总统套间和皇家套间。最小的普通单人套间也有170平方米，最大的皇家套间有近800平方米。最便宜的房间一晚也需1000美元左右，总统和皇家套间就是协议价格了。每个房间都配备了现代化的通讯和视听设备：最少有14部电话、可上网的电脑大屏幕彩电。这里电脑可以遥控屏幕显示饭店内部和外部情况，也可以遥控窗帘等室内设备和投影时钟等。皇家套间内还设有私人电梯、电影厅、帐篷式客厅、密室等。

饭店内色彩斑斓、气势恢宏的伊斯兰风格的装修，据说是出自于一个中日混血的女子之手。在全球众多顶级设计师的竞标中，她一举夺魁。她曾26次来到阿联酋，翻阅海湾地区的自然、地理、人文、宗教等资料，在40名助手的协助下，用了七个月的时间完成了全部设计。饭店有四个餐厅、两个酒吧和一个大型宴会厅。其中一个是悬浮在阿拉伯湾上空200米之上的、别致的特色餐厅，可远眺浩瀚的阿拉伯海湾，俯瞰美丽壮观的迪拜城和阿拉伯湾沿岸的气势磅礴的三座棕榈岛和地球岛等填海工程。另一个是位于海底的海鲜餐厅，可以乘坐地下模拟潜艇去海底餐厅用餐，潜艇有专人驾驶，通过屏幕可观看到美丽的海底世界，潜艇行进时自然晃动，还真有点身临其境的感觉。餐厅内建有大型室内海底世界，客人一边用餐，一边可观看各种鱼类畅游海底。

饭店的最顶层有个平台大厅，可举行宴会或音乐会，坐在300多米高的阿拉伯塔饭店欣赏音乐，令人有身居九重的幻觉。顶层的另一端有一个悬出饭店建筑的小型直升飞机停机坪，来客可"从天而降"，直接进入塔内。饭店是通过一座桥梁与陆地连接的，两侧是风景美丽的海滩，对面是五星级的朱迈拉海滨酒店，这座酒店的建筑也很别致，设备也很豪华，经常举办一些高档次的活动。桥的旁边就是一个水上乐园。饭店的另一侧是具有阿拉伯的风格的麦地那饭店，它古老的风窗建筑、阿拉伯风格的店内布置，以及周围游船、异国风情的海滩等，也吸引了不少西方国家、阿拉伯国家和当地人留宿和用餐。饭店还通过一座海上堤坝与一个圆型建筑的海鲜餐厅连接，从饭店到海鲜餐厅有200米的路程，如不愿步行，可乘坐小型观光车前往。每逢夜幕降临，七色彩光照射着直冲天穹的塔身，以及五颜六色的霓虹灯和喷泉水柱与其他建筑的灯光连成一片，构成了迪拜最美丽、最豪华的不夜城景色。

3. 迷人的迪拜海汊夜景

来迪拜旅游、经停或访问的人，只要在迪拜过夜，都要乘游船观看迪拜的夜景。

迪拜被一条15千米长的由阿拉伯湾海水自然冲出的海汊子分成了两半，一半叫代尔迪拜（Deira Dubai），一半叫拜尔迪拜（Bur Dubai）。这个自然景观为迪拜城增添了不少魅力。迪拜政府利用这条水域开展了游船观夜景的旅游项目，吸引了大批外国游客。

迪拜海汊上的游船过去只是独桅杆的帆船，现在已经发展成双层或三层的大木船和塑钢玻璃制作的单层客船。木船的顶层有桅杆，整个船体的轮廓以彩灯装饰；上层是露天的，游客可直接观赏到两岸的景色；底层是封闭式的，有空调设备，船内摆放着餐桌、餐椅和酒吧台。天气凉爽时，酒吧和烧烤台全都搬到了顶层，人们可在露天用餐时观赏周围的景色，有些游船上下两层可容纳300名游客。有好几个码头可供乘船，鉴于各个码头的位置不同，游览的路线也略有不同。建设得最好的是阿

迪拜河景色

勒宝姆（Al Boom）旅游村码头，这里不仅可以登船，而且还有综合性的旅游设施。码头上有各种特色风味的饭店，有可以举办大型婚礼的大厅，等等。人们在候船时，可以坐在码头的休息厅或咖啡厅里等候或品尝阿拉伯咖啡。一般晚上有两班游船，游览一趟需要两个小时。

从卡尔胡德桥底的码头出发的游船，从海汊中央往北边的市中心行驶。首先经过的是拜尔迪拜内豪华的迪拜高尔夫俱乐部和大片的高尔夫球场、迪拜海滨公园，当游船穿过马克图姆桥底时，抬头望见各种车辆顺着桥上桥下交叉的公路，汇成三道，从桥上通过，车水马龙，一片繁忙景象，这里是郊区和市区的必经之路。桥下河中，无数只彩灯装饰的大小船舶有序地交叉行驶，除了游览船只以外，还有商人的运货船和供劳工往返两岸的交通船只。进入市区时，两岸具有现代建筑风格的迪拜工商会大楼、迪拜国民银行、迪拜市政府大楼、迪拜通讯大楼、喜来登酒店、君悦饭店、洲际饭店等在彩灯的勾画下，更显其风采和魅力。海汊边上的居民住房和办公大楼也都闪烁着

迪拜（海汊）夜景

霓虹灯的光芒，各种广告和标志灯把岸边照得通亮。海汊的另一边代尔迪拜，是迪拜的老城区，可以看到阿拉伯特色的老酋长宫遗址、遗产村、航海村等。这里除了向游客介绍迪拜的历史和旧时的生活状况外，已经成为人们夜生活的聚集场所。遗产村在海汊边建立了各种阿拉伯酒吧，当地人和游客可以一边欣赏海汊风光，一边品尝阿拉伯茶和咖啡。

　　行程大约一个小时，游船就到了入海处，这里海域加宽，无遮无挡，风浪较大，尤其是当游船调头时，船身明显摆动，等离开海汊子时，船身又重新恢复了平稳。船上除了提供一顿丰盛的阿拉伯晚餐外，有的旅游船上还有漂亮的俄罗斯或阿拉伯舞女为您表演东方舞，游客们每每都掩盖不住自己的好心情，被这种浓郁的异国乡土气息所感染，忍不住起身共舞。两个小时的游船给游客们留下了深刻的印象，与中国上海的外滩、香港的维多利亚港、美国纽约、意大利的威尼斯城等相比，这里又有另一番情趣和特色，置身这里的游客们都会忘记这是一座在沙漠里建立起来的城市和景观。

4. 麦地那度假村的威尼斯景观

在闻名世界的阿拉伯塔饭店（Burj Al Arab）旁边的阿拉伯湾海滩上，已悄然建设了一大片阿拉伯传统的建筑群，这就是"新迪拜城"内最为抢眼的朱迈拉麦地那旅游度假村（Madinat Jumeirah）。

从朱迈拉大街驱车经过或参观完著名的阿拉伯塔饭店后，游客们沿着阿拉伯湾海滩向西方望去，就会发现一大片具有阿拉伯风格和色调的建筑群。最初许多人仅仅以为那里只是一般的居民住宅公寓或饭店，没有什么特色，因此人们在参观阿拉伯塔饭店之后便离开了这里，往往错过了领略被称为"威尼斯水城"的麦地那城的机会。

朱迈拉麦地那城始建于2003年，是集饭店、餐饮、娱乐、水上游览、健身、海滩度假、购物等为一体的综合性度假村。

朱迈拉麦地那旅游度假村

这片建筑群的颜色为米黄色，风格为阿拉伯古建筑风格。每幢别墅的楼顶上均建有阿拉伯老式空调"风塔"装饰。该度假村内有3座五星级饭店、1座大型皇家豪华别墅、29幢消夏别墅群、1个专卖阿拉伯特色商品的大型商城、1个健身俱乐部、1个康复中心、1个会议大厅、1个网球场、1个竞技场（儿童乐园）、1座伊斯兰城堡景观。

和平酒店（Mina a'salam）是一座号称六星级的酒店，是该度假村里的一座别具特色的酒店。酒店大堂内独具阿拉伯风格的建筑和装潢体现了浓厚的异国风情。饭店前台招待员身着阿拉伯服装热情地为客人服务，厅内几个乐手演奏着优美动听的阿拉伯音乐，客人们休闲地坐在绣有阿拉伯图案的针织品制作的沙发上聊天，悠闲地品味着阿拉伯的茶和咖啡。玻璃门窗外，阿拉伯建筑和人工建成的西式海滩融为一体，碧水、蓝

天、白云构成的美丽图画令人心旷神怡。入夜，这里所有的建筑物、树木和景物均被灯光点缀，旁边的七星级阿拉伯塔饭店也放射出七彩光芒，变幻无穷，相映成趣。该饭店共有292套客房，尽管价格不菲，但仍吸引着众多世界各国的游客入住。

这里的21座别墅群均为小户型别墅，每栋别墅里有11套客房，别墅为复式结构，楼顶上建有阿拉伯风格的风塔。二楼为卧室，有凉台，游客从凉台上可直接望海和欣赏水城风光；楼下是客厅，每幢别墅均有独立的绿色庭院，种有花草，摆放着躺椅，供游客小憩，环境非常宁静。室内现代化设施齐全，游客可身着泳衣或休闲装直接从客房走向海滩享受阳光浴或下海游泳。海滩上提供各种餐饮和休闲服务。

和平酒店旁边的一座大型建筑是朱迈拉麦地那市场（Souk Medinat Jumeirah）。这个阿拉伯市场就像迷宫一样，横竖交错的众多小街上店铺云集。这里不仅有阿拉伯的高档商品、时装、首饰、手表等，还有各种阿拉伯的小商品和纪念品。市场的内部建筑是木制的，内部装潢具有阿拉伯老城的特色，每条街都能吸引众多游客在这里驻足留影。在这里，除了漫步、观景、购物外，还可以乘坐小型游船，从水路观赏周围的美景。

朱迈拉海岸酒店夜景

和平酒店

和平酒店

这里的小型游船的功能不仅用来观美景，而且作为一种水上交通工具，因此这种游船仅提供给在这里居住的游客使用。

在这里入住和度假的游客，可以乘坐这种小船抵达度假村内的海滩、健身房、游乐场、博物馆等休闲设施。坐在船上，随着船只的划动，眼前的景物由近到远，身边的花草树木，别致的阿拉伯小屋、小桥和岸边的欧式与阿拉伯式特色巧妙融合的咖啡馆、餐馆，无一不吸引着人们的目光，令人难以置信，沙漠国家居然能有如此的令人惊叹的秀美景观。

5. 世界第一高楼——迪拜哈利法塔

在阿联酋迪拜市中心的商务湾（Business Bay），有一幢拔地而起、直插云霄的高楼，那就是世界第一高楼—迪拜哈利法塔。

2010年1月4日，在全球400多名媒体记者和20亿观众的关注下，世界最高塔——迪拜哈利法塔正式竣工，并举行了隆重的揭幕盛典。典礼包括三大主题："沙漠之花到迪拜塔"、"心跳时刻"和"从迪拜走向世界"。在868盏大型闪光灯的照耀下，至少50种全计算机控制的音响效果，1万组大型烟花在哈利法塔周围绽放。场面极为壮观震撼。塔脚下的迪拜喷泉也以275米的高度和独特的造型吸引了世人目光。这是当今世界的又一大建筑奇迹，在世界经济危机的困扰下，迪拜再次显示了它的盖世雄风和绝地逢生的气魄。

阿联酋副总统兼总理，迪拜酋长谢赫穆罕默德·马克图姆亲自主持揭幕典礼。哈利法塔于2004年9月21日开始动工，由韩国三星公司负责建造，历时5年，耗资15亿美元，2010年1月5日起正式向世界开放。

整座摩天大厦高达828米，比台北101大厦还要高出300多米。其中，124层被设计成观光层，成为世界上最高的观光楼层。塔中电梯速度也是世界最快的，达17.5米/秒。此外，在第158层还建造了一座清真寺，距地面大约800米，成为名副其实的空中清真寺。从哈利法塔的外形来看，其设计吸收了伊斯兰传统建筑风格，由多个部分逐渐连贯成一个核心体，外观效果似螺旋状，旋转冲向云天。最高处逐渐转化成尖塔，给人以直插云霄，刺破苍穹的感觉。该塔有160层高，大楼的下部37层是豪华酒店，包括时装大师阿玛尼拥有的Armani酒店。从45层到108层是700套私人公寓。令人吃惊的是，这些公寓房只用了8个小时就销售一空，而且是只有获邀请的人才能购买，

迪拜哈利法塔

世界第一高楼——哈利法塔

其余的建筑面积将用作商务办公。第123层是接待厅，124层为观光平台（为那些勇敢者专设了一个露天阳台），塔尖顶处则安装通讯设备。哈利法塔建造耗用的钢筋，如头尾相接，几乎是四分之一地球的长度。总共使用33万立方米混凝土、3.9万吨钢材料及14.2万平方米玻璃。大厦内设有56部升降机，其中的两部是观光电梯，每部电梯一次可以容纳21位乘客。从底楼至顶楼乘坐该电梯，你将体验世界上最长的"电梯旅程"。哈利法塔的玻璃外墙，相当于17个英式足球场的面积，仅仅是塔顶所需的电量，大约就是36兆伏安，这相当于36万个100瓦的灯泡同时点亮。另外，哈利法塔还有26处螺旋上升状的露台，是俯瞰迪拜全景的最佳选择。在塔底周围，有一个200多米长、150米高的彩色歌舞喷泉，可以说是世界上最大的音乐喷泉，蔚为壮观。

由于此塔高度达800米以上，迪拜人认为，仅有一幢超高楼未免有鹤立鸡群的孤独感，于是一幢150层、666米的酒店工程最好改用中文译名，英文可括注，保持全文统一风格。已经提上了迪拜人的日程。除此之外，还有一幢200层、750米的住宅大厦将如哼哈二将似的出现在哈利法塔旁边。届时，哈利法塔，迪拜购物中心、600多米高的酒店，700多米高的住宅楼，以及鳞次栉比的建筑群，形成一个繁华奢侈的集商业、休闲、娱乐、住宅为一体的综合区域。

6. 迪拜伊本·巴图塔购物中心

伊本·巴图塔购物中心（Ibn Battuta Mall）是2005年4月13日新开业的一个集购物、餐饮、娱乐、旅游为一体的综合性商城。该购物中心座落在迪拜至阿布扎比主干道谢赫扎耶德路沿线，与杰贝勒·阿里自由贸易区隔公路相望，与扎耶德路四号桥边上的阿联酋购物中心和五号桥东侧的巨大的公寓群连成一片，构成非常宏伟的新迪拜建筑群。

伊本·巴图塔购物中心是在迪拜王储谢赫穆罕默德的关怀下，由棕榈岛集团（Nakheel）投资兴建的，是目前中东地区最大的主题购物中心。该中心开业时，穆罕默德王储出席了剪彩仪式。购物中心由中国、印度、"埃及"、"波斯"、"北非"和"安达卢西亚"六栋风格各异而又彼此相连的建筑组成。购物中心的命名和设计灵感来自古阿拉伯旅行家伊本·巴图塔的旅行经历。伊本·巴图塔（1304－1377）生于今摩洛哥丹吉尔，是中世纪阿拉伯著名的旅行家。他一生曾进行过三次洲际旅行，行程10万余千米，足迹遍及亚、非、欧三大洲，东至锡兰（今斯里兰卡）、印度、中国等地。后人根据其口述经历，著有游记《在美好国家旅行者的快乐》。伊本·巴图塔购物中心的六个馆正是巴图塔曾经游历过的国家和地区，其建筑富有鲜明的地域特色和浓郁的中世纪风格。

购物中心的大门从中国馆开始。大门颇像故宫城门，主体建筑风格也仿照故宫城墙、房檐、颜色，据说其装修是福建省的一个建筑公司承揽的。进入大厅内，首先令人惊叹的是硕大的大

迪拜伊本·巴图塔购物中心一角

伊本·巴图塔购物中心

人文地理

堂内醒目地竖立着几十根数十米高的巨大红色圆柱。中国特色的红色基调以及圆柱上的精细雕刻和代表中国文化的楹联、书法艺术等实在是让中国人扬眉吐气。映入眼帘的首先是一条木制的巨大帆船，旁边是郑和的塑像，附近摆放的货箱上还写着"中国哈尔滨"字样，记录着当年巴图塔与中国进行贸易交往的情况以及郑和下西洋的史实。

第二个大厅是印度馆。印度馆是以世界七大奇迹之一的印度泰姬陵的风格建造的，虽然不能与泰姬陵宏伟的外观相比拟，但还是保留了泰姬陵以大理石建成的纯白色的特点。关于泰姬陵还有个美好的爱情传说。泰姬陵又叫泰姬玛哈陵，是1633年印度莫卧儿王朝第5代君王为纪念自己的王妃而修建的一座纯大理石陵墓。这位美丽的王妃1630年时死于产褥热，临终前向国王沙贾汗提出了四个要求，其中一个就是为她修建一个美丽的陵墓，后来这位皇上实现了承诺，为自己的爱妃修建了这座成为世界七大建筑奇迹之一的泰姬陵。大厅两边都有塑像，其中的大象是最有印度特色的象征物。

第三个大厅是波斯馆。这也是一座很有特色的大厅，抬头可以看到镶有蓝色的、漂亮的波斯图案的穹顶，其风格和特点看上去有点儿像中国的景泰蓝，所有的花纹都精致而艳丽，极具波斯风格，而且穹顶宏伟，气势非凡。

另外还有埃及、北非和安达卢西亚等三个国家和地区的特色馆，所有馆的拱顶、灯饰、标志性建筑的装饰布置都非常细致、地道，代表着这一地区的特色，使游客在购物的同时，彷佛周游了列国风光。

购物中心共有275家零售商店，世界和当地品牌的服装、鞋帽、家具、首饰、箱包、手表等商品均在这里出售。每个馆都设有咖啡厅、座椅供游客们悠闲小憩之用。另外，还有一个大型超市，一家营业面积超过3 800平方米的餐饮区和一个拥有21个放映厅的超大影城。

7. 迪拜朱迈拉清真寺

朱迈拉清真寺（Jumeirah Mosque）是迪拜最大最美的清真寺之一，始建于1975年，1978年竣工。它不仅是迪拜最重要的伊斯兰教祈祷场所，而且也是当地的著名地理标志之一。

朱迈拉清真寺的建筑为中世纪法蒂玛王朝时期的传统建筑风格，堪称现代伊斯兰建筑的辉煌典范。它的特别之处在于，整个清真寺全部由石块砌成，没有使用一块砖。该寺顶部有两个尖塔和一个宏伟的拱顶。进入礼拜主厅后，在一个巨型枝形

朱迈拉清真寺

朱迈拉清真寺

吊灯的白色光芒照耀下，大厅内的白色立柱、彩色拱顶、几何纹样、钟形吊灯令人目不暇接，犹如一幅伊斯兰艺术风格的美丽画卷。壁龛位于西侧墙壁中间的一个凹形空间，朝着伊斯兰教圣地麦加的方向。左侧有一块电子显示屏，上面标示着当日五次礼拜的准确时间。右侧是布道坛，也就是伊玛姆讲经布道的地方。

朱迈拉清真寺的西侧有一个室外花园。花园里泉水喷涌，大树参天，绿草茵茵，鲜花盛开，为炎炎烈日之下小憩的游客带来一丝凉意和草香气息。夜幕降临，彩灯齐照，朱迈拉清真寺显露出一轮亦真亦幻的迷人景色。多年以来，世界各国的游客纷至沓来，而摄影爱好者对于它的拍摄兴趣更是有增无减。

参访朱迈拉清真寺，男女游客需要分别从两个入口进入。男士及小孩从清真寺的正门（东侧）进入礼拜大厅，女士则从南侧进入，里面设有女性专用礼拜厅。进入时，女士须将头发用丝巾包裹上。游客不能穿着露腿、腰和胳膊的衣服。寺内可提供导游服务。

8. 迪拜棕榈人工三岛的奇迹

建造三个棕榈岛是时任迪拜王储，现任阿联酋副总统兼总理、国防部长、迪拜酋长穆罕默德的一个奇妙的构想。棕榈树是海湾国家很普遍的一个树种，它高大、叶面宽、耐旱，在阿联酋到处可见。以棕榈树叶的形象建造一个工程的确是一个绝妙的构思，于是棕榈一岛和二岛工程在2001年先后开始动工了。设计图纸上的两个岛屿犹如两片棕榈树叶漂浮在阿拉伯湾的迪拜朱迈拉海岸上。

棕榈一岛名叫朱迈拉岛，以该岛所在地区的地名而命名。该岛长11千米，宽5千米，通向海面的叶片主枝杈为200米长，叶片外围环绕着宽大的防浪堤，叶片散射着17个分杈，每个分杈之间有较宽的水域。根据设计，分杈上将建有49座星级饭店，2500栋别墅。

棕榈二岛名叫杰贝勒·阿里岛，以迪拜最大的自由贸易区命名。该岛比一岛大，长15千米，宽5千米，防浪堤的外围的每个分杈都加宽了数米。

棕榈三岛的图纸已公布，面积相当于前两个岛的总和，同时也相当于巴黎市区的面积。名字叫代尔（Deira）岛，是迪拜新市区的名字。

该工程被誉为世界上最富有想象力和创造力的工程，也被称为世界上规模最大，最令人称奇的工程。穆罕默德王储称他要把棕榈岛建成卫星能看得到的世界第八大奇迹。岛上除了要建造饭店和别墅外，还将建造与其配套的娱乐中心、购物中心、体育健身中心、海上俱乐部、疗养院等完备的现代化旅游设施，其中的建筑风格也具有国际性，如意大利威尼斯城的水道、日本式的园林与阁楼，等等。

目前棕榈一岛已经建成，二岛、三岛的填海工程已经完工。棕榈一岛上数十家酒店大部分开始营业，特别是坐落在该

俯瞰迪拜棕榈岛

棕榈三岛之一岛——棕榈一岛上的亚特兰蒂斯酒店

岛终端的亚特兰蒂斯酒店更是生意兴隆,游客川流不息。岛上的海豚馆、水上游乐场等旅游设施对外开放后,也吸引了众多国内外游客的参观、度假和娱乐。快捷的轻轨从岛外直通岛上的亚特兰蒂斯酒店,既方便了需要到该酒店入住的客人,也为客人观光旅游一览该岛全貌提供了便利。

坐落在棕榈一岛(Palm Jumeirah)上的亚特兰蒂斯(Atlantis)酒店,耗资15亿美元,有1539个房间,如同古波斯和古巴比伦建筑装潢风貌。酒店的最大特色是大堂设有一个巨型水族缸,缸内有6.5万条鱼,包括魔鬼鱼及其他海洋生物,令人叹为观止。此外,还有一个海豚池,饲养了20多条从所罗门群岛进口的瓶鼻海豚。此外,酒店拥有四家由星级名厨掌舵的高级餐厅、一家夜总会、一间水疗及健身中心,还有偌大的会议中心等设施。

9. 沙漠里的超级室内滑雪场

这座滑雪场是阿联酋购物中心（Mall of the Emirates）的一部分，号称世界最大的室内滑雪场，同时也是中东首家室内滑雪场。滑雪场耗资近3亿美元，面积约2.25万平方米，可容纳1 500人同时滑雪。滑雪场用造雪机生产的6 000多吨白雪铺就而成，其中滑坡总长度为400米，采取智能化电脑控制。

这座奇特的滑雪场分为"冰雪公园"和"滑雪道"两部分。冰雪公园里的小山、平原和松杉林造型生动逼真，孩子们可以在人造雪洞里捉迷藏，在雪洞壁墙上画画。滑雪道是一个周长220米、高75米的玻璃圆球，在它的入口两侧有两个冰柱形状的酒店把守，据称，这是世界最大的滑雪斜坡。如从"雪山"滑下，只需一侧目就能透过玻璃窗看到球体外的沙漠，不能不佩服迪拜人的想象力。这里共有5个滑道，每个滑雪道的倾斜度和难度都不一样，最高的一条足有20多层楼高，落差达到68米。滑雪场的票价不菲，其中滑雪道的成人票价约为2小时240元人民币。即便如此，开张至今，滑雪场的生意依然非常兴隆。由于大多数游客是首次与冰雪"亲密接触"，所以都显得很兴奋。滑雪场为此专门聘请了26名持有专业证书的外籍滑雪教练，给大众讲授基本常识，如怎样保持滑雪板与身体之间的平衡、怎样加速及不撞着障碍物等。很多外国游客到迪拜旅游时，也忍不住要到这座室内滑雪场里享受一番。

室内滑雪场

10. 中国商品（迪拜）分拨中心——龙城

中国商品分拨中心2004年12月7日正式开业，是一新型综合性商贸城，由市场、仓储和公寓三部分组成。它为中国近4 000家企业提供商品的批发和零售交易、仓储运输等服务，是向周边国家近15亿人口市场的贸易辐射平台，是中国在海外最大的集商贸、文化、餐饮、娱乐等为一体的华人社区。

中国商品（迪拜）分拨中心的市场部分宛如一条中国传统龙的形状，因此也叫"龙城"。商城总长度为1 200米，其中龙头长220米，宽210米，分上下两层，每层高约6米，建筑总高度为18.25米，总面积达5 6600平方米。龙身为一层建筑，长980米，宽110米，层高6.4米，建筑总高度为16.4米，总面积有9 0250平方米。市场总面积约15万平方米。内设20个商业区，13个服务区，1个办公区，1个商务中心。

龙城开业舞狮庆典

龙城开业庆典

龙城大厅

商业区营业面积近11万平方米。有近4000个商铺，每个商铺面积从13平方米到86平方米不等。商品大类有：纺织服装、粮油土畜、医药保健、家用电器、通讯器材、机械设备、建筑装潢、五金交电、石油化工、室内用品、箱包鞋帽、钟表眼镜、体育用品、工艺礼品、办公文具等。

该市场设有8部手扶电梯、26部垂直电梯和货梯、中央空调、监控系统、强弱电控系统、消防系统、电脑网络系统等，还有与之配套的设备间等。市场内设置咨询服务台、机票预定、酒店预定和其他商务服务项目，是一个有完善的现代化设备设施和齐全的服务功能的市场。商业区配备各种规格的商务谈判室40余间，会议室3间。服务区有1个400平方米的咖啡厅和10处共500平方米的休息区。

中国商品（迪拜）分拨中心的物流是集报关、运输、转口、仓储、物流配送为一体和连接第三方物流供应链的系统服务实体。整个物流系统将成为中东地区一个全新的面积最大的、功能较齐全的储运分拨中心，为客户提供从清关、运输、交税、分类、储存、发货的一条龙服务。

11. 有惊无险的冲沙体验

享受沙漠本来就是阿拉伯地区的一大特色，在阿联酋不少地方有自然形成的美丽的巨大沙丘群，连绵起伏，一望无际。这里的沙丘为淡红色，高低错落，沙粒非常的细，沙丘在风力的作用下不断地变化和移动，有的比较缓和，有的则非常陡峭。在迪拜的Margham沙漠、迪拜和沙迦之间的Labab沙漠等都成为迪拜旅游的热点。聪明的阿拉伯人利用这一自然风光开展了特色的冲沙旅游活动。这一活动既惊险，又刺激，对来迪拜访问或旅游的人来说，是个挡不住的诱惑。

Margham沙漠是距离迪拜市中心只有60千米的一片沙漠区，也是天然形成的一片适合冲沙的沙丘群。冲沙必需使用可以在沙漠上行驶的四轮驱动越野车，由冲沙俱乐部的富有冲沙经验的驾驶员驾驶。每个俱乐部都拥有好几个车队，每个车队至少有十辆车左右。与冲沙俱乐部约好后，俱乐部的司机就会驱车在指定时间到游客的住所去接，也就是说，从饭店开始，游客就已经有了固定的司机和车辆。约45分钟的车程，游客就被拉到一望无际的原始大沙漠边上了。进入沙漠之前，驾驶员需将车辆的轮胎气撒掉三分之一，以增加轮胎在沙面上的摩擦推动力。一切准备停当后，车队犹如脱缰的烈马蜂拥进入沙丘群。有组织的冲杀活动，这种活动不允许单独一辆车进入沙漠，

冲沙

沙丘驾驶

主要是为了避免迷路或车辆出现故障。车队由一个最有经验的带队驾驶员为队长，他熟悉路线并用对讲机与各车联络，始终保持车队的完整和安全。驾驶员可根据游客的不同承受能力，选择较平缓或较陡峭的沙丘路。游客们系好安全带，乘上这种"现代沙漠之舟"，任凭驾驶员疯狂地在沙漠中行驶，一会儿攀登高高的沙丘，一会儿又顺着倾斜的沙丘向下俯冲。有时车辆已经倾斜得让你感觉要翻车似的，刺激得很。冲沙一般选择10月份以后天气较为凉爽的下午进行，一是温度不高，二是冲沙之后，可在沙漠中观看日落的美丽景观。傍晚时分，站在茫茫沙漠之中，视线所及之处，蔓延着纯净的金黄色，无数层层荡开的沙纹，犹如波浪一般。四周起伏的沙丘，在火红的落日照耀下，光影分明。阳光洒在那些曲线温柔的弧形沙丘，赤脚踩在细沙上，热乎乎的感觉从足底传来，感受到了一种难以言表的享受。冲沙是一个综合性的旅游活动，利用高高的沙丘，还可以进行滑沙运动。沙漠上的沙丘最高达200米，很适合冲沙，站在或坐在滑板上从高高的沙丘上往下滑，也是非常快乐和刺激的事情。微风吹过，将浮沙卷起，身上挂满了细沙会有一种别样的感觉，但当你拖着滑沙板，手脚并用，亦步亦趋地踩着柔软的沙子往沙山上攀登时，可就要考验你的体力和腿力了。

阿布扎比滨海大道

12. 阿布扎比的特色景观

著名的滨海大道 阿布扎比市有条著名的滨海大道，大道长达10千米，两旁种植着高大的桉树、椰枣树、棕榈树和灌木丛，还精心修剪了许多别具风格的街心花园，另外还有绿地、花坛、亭阁，以及阿拉伯国家特有的为路人遮阳的帆布帐篷，这些独特的景观与碧蓝色的海水相呼应，成为游客和当地居民旅游、度假、休闲、散步的好去处。街道两旁的设施干净整齐，没有任何垃圾，堤岸外的海水清澈透底，海藻和石头清晰可见，给在这里观赏美景和休闲锻炼的人们以赏心悦目之感。

海洋绿洲——人工岛 阿布扎比与海洋连接的一大片人工岛屿也是该市的一个特色。这些填海造出来的人工岛形成了阿布扎比的岛中岛，近些年也在不断地扩建、改造。如今这里已经成为集娱乐、购物、休闲为一体的综合旅游区。这里建有文化馆、民俗村、星级酒店、购物中心、儿童游乐场等。这片海域同时也被利用成为了游船码头，过往游客可在这

阿布扎比人工岛

里乘船游览岛上风光。该岛上还有一个标志性的物体，即一个硕大的旗杆，上面飘扬着阿联酋的一面巨大国旗。旗杆高达200米，旗长40米，宽20米，总面积达800平方米，被称为是世界上最大的旗帜了。旗帜在微风中缓缓飘荡，就像电脑制作的画面一样，成为人工岛上不可错过的一道风景。这个旗杆在这里竖立了至少20年之久，始终是人们观赏的景物。

人工岛上还建有一座阿布扎比博物馆，也叫民俗村，与其他酋长国的民俗村和遗产村一样，这里再现了当年生存在海湾边上的阿联酋人的居住、经商和生活状况。村落院内

阿布扎比民俗村大门

依照阿拉伯的习俗盖了一些茅草房屋，屋内地面是黄沙，上面铺着毡子，摆放着简单的家具，如桌子、床等。地面上还摆放着一些坐垫，因为当时的阿拉伯人是席地而坐，没有沙发和椅子。另外的一个区域再现的是集市和街道，每家店铺门前都挂有一个牌子，上面标着这家店铺的名字，如金店、银器店、香料店、布店等。民俗村内还饲养着一些动物和家禽，如牛、羊、鸡、鸭等。马、骆驼、骡子等，这些牲畜是当时居民用来托运货物的帮手，特别是沙漠之舟"骆驼"是居民们不可缺少的伴侣。院内还有居民们打的水井，作为人畜饮水之用。民俗村内还有一些身着阿拉伯传统服装的妇女在那里为游客演示她们生活的情景和美丽的民族服饰。村内的店铺里还摆放并出售一些阿拉伯传统工艺品和首饰，供游人选购。这样一个古老传统的民俗村与阿布扎比现代化大都市形成了鲜明的对照，让我们看到了30多年来阿联酋日新月异的巨大变化。

首都门——最斜的人造塔　阿布扎比的"首都门"也是一个可圈可点的建筑，它已经被吉尼斯世界纪录认证为"世界最

阿布扎比首都门

斜的人造塔"。它的倾斜角度是意大利著名的比萨斜塔的5倍左右。这座"首都门"的外形犹如飞扬的鲤鱼鳍,扶摇直上天际。该斜塔共有39层,高160米,向西倾斜达18度。"首都门"占地总面积为52000平方米,顶楼建有五星级酒店。为了让这座建筑能够承受倾斜所造成的重力、风力和地震压力,整座斜塔建造在密集的网状钢筋之上,光是地基就打了490个地桩,深度达地面以下30米。此外,为了搭配出塔楼弯曲的形状,728块菱形玻璃面板上的每一片玻璃都不大相同,摆放的角度也不一样。

13. 谢赫扎耶德清真寺

谢赫扎耶德清真寺(Sheikh Zayed Mosque)坐落在阿布扎比东南端,是阿联酋最大的清真寺,也是世界第六大清真寺。扎耶德总统去世三年后,这座历经12年精心建造、耗资55亿美元的扎耶德清真寺终于在2007年斋月期间向公众开放。扎耶德总统的墓穴就安放在清真寺院内,周围用栏杆围着,供世人谒拜。该清真寺的建成是对已故扎耶德总统的最好纪念。

整个清真寺建筑均用来自希腊的汉白玉包裹着,洁白、纯净、宏伟,庄严肃穆。进入清真寺,正面是礼拜殿,周围的走廊与礼拜殿连成一体,中央院落用大理石铺,面积约1.7万平方米。清真寺洁白的大圆顶和高耸的宣礼塔神圣庄严。该清真寺由4个高107米的尖塔和82个穹顶构成,均由汉白玉精雕而成,而这些精美的雕刻却来自

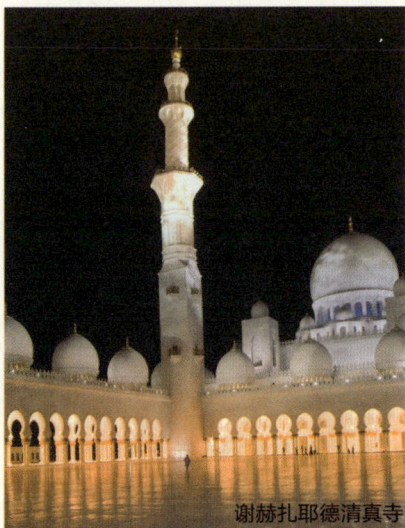

谢赫扎耶德清真寺

中国工匠的手艺。寺内有96根柱子，寺外有1 048根柱子，总建筑面积达2.2万平方米。祷告室内可容纳9 000人，整个清真寺可容纳4万人。主礼拜殿非常雄伟，矗立着几个巨大的穹顶，上面是弯弯的新月，周围的方形长廊由不同纹饰装点，在阳光下变幻出不同的颜色。从门口看去，主礼拜殿的拱门非常高，墙上雕刻着各式花纹。

进入大殿后，迎面是一块面积为5 627平方米的巨大地毯，使用来自伊朗和新西兰的顶级羊绒，由伊朗马什哈德地区的1 200名妇女手工编织而成。这该是世界最大的地毯了，而且每两米有一条突出的宽带，方便人站立。四周陈列着《古兰经》，标明非穆斯林不许触摸。墙上镶嵌着世界各地的名贵彩石。清真寺正面上方是一个巨大的圆顶，高75米，直径32.2米，为世界最大的清真寺圆顶。大殿一旁是女殿，可容纳1 200人礼拜，中央上空是一个世界最昂贵的水晶大吊灯，德国制作，高度和直径都是10米，骨架是9吨重的黄铜。清真寺内的一面墙上雕刻了古兰经文，整卷圣典的每一个文字均为24K镀金，非常奢华。

另外，该清真寺也是唯一一个允许女性从正门进入的清真

谢赫扎耶德清真寺

寺，女士游客需要身穿该寺接待处事先准备好的黑袍，与穆斯林信徒一样，需脱下鞋子，摆在寺外的平台上。该寺允许游客照相，只是不允许男女有亲热之举。

谢赫扎耶德清真寺内景

该清真寺除周五或阿拉伯节日安排特定的伊斯兰祷告仪式外，基本每天均成为了世界游客的旅游项目。来自全球的不同肤色，不同宗教信仰的人们在这里严格遵循着阿拉伯穆斯林的规矩，女性身穿黑袍，脱掉鞋子，静静地步入寺内，无声地欣赏和品味寺内的一切设施。大家在尝试着细细读懂伊斯兰教内涵的同时，也在为这座建筑的设计风格、用料奢华、雄伟壮观而赞叹不已。

谢赫扎耶德清真寺祈祷的穆斯林

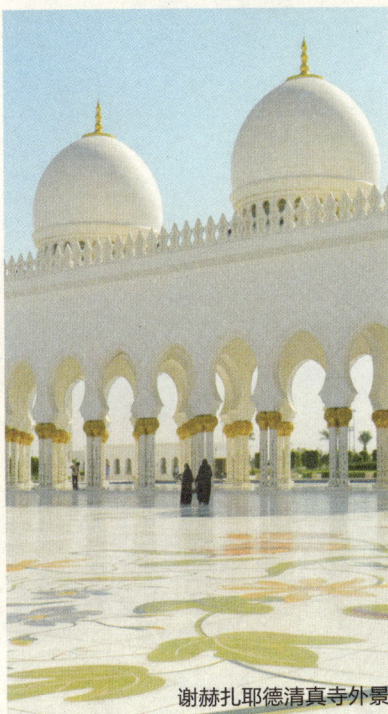
谢赫扎耶德清真寺外景

14. 阿布扎比酋长国宫酒店

阿布扎比酋长国在西北海岸边，斥资30亿美元，建造了一座宏伟的建筑群，号称八星级酒店，这就是阿联酋最为奢华、最为昂贵的酋长国宫酒店（Emirates Palace）。

酋长国宫酒店位于阿布扎比海滩，北面和西面临海，是一座占地100万平方米的古典式的阿拉伯皇宫式建筑。这座与阿联酋总统府仅一街之隔的宫殿式饭店，远看像一座巨大的城堡，拥有1.3千米长的黄金海岸线。酒店最初是为迎接海湾合作委员会首脑会议在阿布扎比召开而修建的，故饭店的原名是"会议宫"，随后更名为"酋长国宫酒店"。酒店的设计基调庄重大方、富有浓郁的阿拉伯民族风格。

酒店正门的外形有点像巴黎的凯旋门，汽车穿过"凯旋门"，经过一条三四百米长的坡道，便来到了位于四楼的酒店大厅。该饭店的主体大厅为阿拉伯风格的金铜色大圆顶建筑，周围建有14座小圆屋顶的建筑群。这座庞大的建筑群矗立在阿拉伯沙海中，在阳光的照耀下，闪烁着金色光芒，非常抢眼，吸引了不少外国游客。酒店周围被大片绿地园林环绕，可供游客骑单车游览。休闲设施包括两座游泳池和两座豪华的休闲会所。这里环境隐秘而幽静，主要供前来参加重要国际会议和高端游客享用。

　　酒店装修使用的全部是最新材料和技术，酒店的圆顶用最新照明技术、防腐特殊材料和纯金制造，据说是世界上最大的拱顶建筑，共用了19万立方英尺的进口大理石和1 002盏施华洛

阿布扎比酋长国宫酒店

世奇水晶装饰的枝型吊灯。酒店内部面积达242 820平方米，客房394间，其中4个总统套间、16个宫殿套间、40个海湾套间，以及钻石客房、珍珠客房、珊瑚客房等302个豪华套间。客房的地板是用大理石或地毯铺成，房间价格从600美元至13 000美元不等，外加20%的服务费。房间最小的面积为55平方米，最大的总统套间面积近千平方米。房间内配备所有最为现代的电子设施并享有一流的服务。每个套间有几名专门的服务员在门外24小时待命，随时听候客人的吩咐。客人入住前，服务员会把套间里的电脑等设备的语言调整为客人最熟悉的语种，让卧室、客厅和餐厅里的电视上播放客人喜欢的电视节目或音乐。酒店顶层的6六间总统套房只接待来自海湾地区的元首和王室成员，设有专门车辆通道。

酒店内还有1个面积达7 000平方米的会议厅，是中东地区最大型豪华礼堂，可容纳1 200人开会；1个可容纳2 800人聚会

阿布扎比酋长国宫酒店

的舞厅；有12个餐厅，配有128间厨房和餐具室，可同时接待2 000多人就餐；还有8个娱乐厅；除此之外，酒店另有40个会议室，以及附带12个工作间的新闻中心。

由于酒店内部面积太大，通道、大堂很多，有些楼梯间距超过一千米远，为方便员工正常工作，酒店还为职工配备了45辆高尔夫球场专用的高尔夫球车代步。员工与客人的比例约为6：1，服务非常周到。当你安坐在大堂的沙发时，他们会用撒满玫瑰花瓣的银盘端上咖啡或各种饮料，甚至会向女顾客赠上鲜花。客房服务人员每天在客房床单和枕头下面放上薰衣草，让客人在芳香中入眠。在酒店100万平方米区域内的任何一处都可以享受到无线上网的乐趣，即便是在游泳池边或私人海滩上。入住的顾客会领到一个价值2 500美元的掌上电脑。这个小巧的电脑带有一个8英寸大小的彩色显示屏，装有Linux系统，与电视、立体声音响及其他设施相连。人们通过它可以设定叫醒电话、下载电影、录像或召唤服务员。酒店工作人员也通过类似的装置来遥控电视、灯光、声响和空调。这座超豪华饭店所有房间都配备了号称"22世纪的设施"，5英寸或61英寸的交互式等离子电视，无线高速因特网接入是该饭店所有客房的最低标配，套间配备更加高级，还有先进的笔记本电脑和集打印、扫描和传真等功能于一体的办公设备。客人在普通客房内能通过一个专门的触摸屏来控制房间内的所有设施，如灯光、空调温度、室内游戏和娱乐节目。客人通过交互式电视，足不出户就购买饭店商场里的物品、发出房间服务指示或结账退房。酒店内的各种娱乐运动设施也基本能满足客人的需求，如游泳池、网球场、儿童游乐园、跳伞运动和攀岩运动场地等。另外还有戏剧演出和音乐会的场所。在法国戛纳市举办的世界酒店表彰庆典上，阿布扎比的"酋长国宫"酒店获得2009年度"世界钻石五星奖"。

15. 蓝色海洋上的宝石——锡尔·巴尼亚斯岛

锡尔·巴尼亚斯岛是阿联酋阿布扎比酋长国的一个宝岛，被誉为"蓝色海洋上的一块宝石"，"阿拉伯海湾中的珍贵瑰宝"。锡尔·巴尼亚斯岛是一个封闭而独立的沙漠岛，因此又称"沙漠岛"（Desert Islands）。该岛位于阿布扎比西南海域250千米处，距离迪拜酋长国有350千米。巴尼亚斯岛总面积为87平方千米，拥有4 200公顷的阿拉伯野生动植物园。这个独一无二的宝岛受到了阿联酋已故总统、阿布扎比前酋长扎耶德陛下的深切关怀和保护，如今已经发展成为了阿联酋重要的野生动植物自然保护区。

巴尼亚斯岛的历史已经近6亿年，该岛形成初期是由火山岩、石灰岩和砂岩构成的岩石。1 500万至2 000万年前该岛上的盐沙演变成沙丘，覆盖在岛的表面。之后发现的大象化石证明在600万至800万年前间，该岛上已经有庞大动物的生存。经考古发现的火石和工具考证，在20万年前，这里开始有人类活动。之后又证明，公元前5 500年，早期人类开始在这里生存，包括在该岛附近的达勒玛岛上发现的人类古老房屋遗址。后又在该岛发现有公元2 000年前的陶器和墓地。此后的一段时期内在巴尼亚斯岛上无人类生存。直至公元600至750年间，早期修道院的基督教徒曾在该岛活动。公元630年，进入伊斯兰时期，巴尼亚斯岛上出现了渔民、采珠者和商人，中国瓷器的传入标志着海上贸易的开始。公元1590年，欧洲文学作品里首次记载了威尼斯珠宝商将该岛称为"锡尔·巴尼亚斯岛"，以及欧洲商人与该岛商人往来的情况。公元1600年至1900年，更多的到访者发现了该岛的盐矿，采珠业也迅速发展。目前保存下来的有三个村落、一个清真寺、一座酒店和一些那个时期建筑的伊斯兰墓地。1930年至1940年建后又被摧毁的房屋证明了当时珍珠业的衰败。1966年，当时的阿布扎比酋长谢赫扎耶德·本·苏尔坦·阿勒纳哈扬决定重建巴尼亚斯岛。扎耶德酋长投资建设这个海岛，保护了当地和海湾，以及阿拉伯地区的众多野生动物和鸟类，同时还从非洲、亚洲等地引进了不少动物种类。由于该岛的自然环境的改善，许多候鸟都纷纷迁徙到岛上过冬，极大地丰富了该岛的野生动植物。扎耶德酋长还在岛上建造了自己的私人别墅，成为了王室家族夏天度假避暑的好地方。

沙漠岛北部建有一座五星级酒店，拥有单间、套间和别墅建筑。酒店为典型的阿拉伯王宫式的建筑风格，内部装饰也以阿拉伯风情为主，同时伴有非洲壁画、土耳其吊灯等异国风情。客房内可同时观赏海景和沙漠风光，独具沙漠海岛特色酒店内设有常温游泳池、网球场、餐厅、酒吧和咖啡吧及小型商场。

在巴尼亚斯岛上生存着数十种，总数达5万只左右的野生动物，其中100只在1972年就被认为是灭绝了的阿拉伯羚羊，其他是野生绵羊、长角羚羊、弯刀角羚羊、印度黑羚羊、山麓瞪羚羊、沙漠瞪羚、猎豹、阿拉伯豹、长颈鹿、土狼、海蛇、非洲鸵鸟、山地黄牛、长颈鹿、梅花鹿、骆驼、斑马、驼羊、野兔、猫、各种鼠类、各类蜥蜴、刺猬等和一些稀有动物。该

锡尔巴尼亚斯岛上的羚羊

火烈鸟

岛拥有鸟类180种，如火烈鸟、白天鹅、黑颈天鹅、埃及鹅、海鸟、海鸥、燕鸥、鹗、黑头海鸥、黄腿海鸥、蜂鸟、鹦鹉、孔雀、驼鸟、鸽子、蝴蝶和一些观赏鸟。越来越多的成千上万的候鸟也在此繁衍生息，宁静地在岛上越冬。在海岛东部的清澈的湖水中，有本岛的野鸭和从埃及引进的鸭子以及黑天鹅、白天鹅、各类海鸥等水鸟在这里生息、繁衍。东海域的一大片湿地中，成群的美丽的火烈鸟平静地在那里觅食、散步。同时还有鹗、燕鸥等鸟类也享受着这一区域的自然环境。该岛四面的海域内生存着丰富的海洋动植物，这里鱼类品种繁多，海滩上还不时出现螃蟹的行踪。为了更好地观察各种动植物生存的情况，岛上修建了瞭望亭，海岛观景的地方都修建的像花园一样，独特而鲜艳的阿拉伯建筑色彩，以及连成一片的花坛和果园让游人可以同时领略和欣赏海洋与沙漠完美结合的中东风情。锡尔·巴尼亚斯岛已经成为名副其实的生态自然保护区和人类、动植物、鸟类生存的乐土。

16. 亚斯岛上的一级方程式赛车场

面积为2550公顷的阿布扎比天然岛屿——亚斯岛位于首都阿布扎比的东海面。2009年，阿布扎比政府在该岛上建造了世界上最为火爆体育赛事的F1方程式赛道，并成功举办了阿布扎比首届一级方程式大奖赛。阿布扎比一级方程式赛道全长5.5千米，设有21个转弯，拥有世界上最长的直线跑道，赛车进站换胎加油可在15～30秒内完成。附近的赛车墙指挥站，设有电脑、监控屏幕、无线电等器材，由车队高层及工程师监控并随时修改战术。

亚斯岛除了建有一级方程式赛道外，还建有多座酒店、摩托车快速跑道等。特别是已经建设完工的"法拉利主体公园"，这是全球首座法拉利主题公园，据称，也是世界规模最大的类似主体公园。该公园的建筑面积为20万平方米，从空中俯瞰，如同外星飞碟，其红色的顶棚上面印有硕大的法拉利标志，这里几乎是整个法拉利总部——马拉内罗的再现。在场馆内，除了可以看到法拉利各个时期的跑车，赛车外，就连F1车房，风洞试验室，驾驶模拟器，赛车组装车间都有复制品。娱乐设施更是应有尽有，其中最震撼的当属世界上最快的云霄飞车，最高时速可达每小时240千米。无论男女老少，在这里都可以体验到急速的快感。20多个令人兴奋而有教育意义的经典和游乐设施让游客们在充满刺激的过程中了解到法拉利的故事，互动购物和意大利餐饮，使这里成为车迷和家庭游玩的乐园。

一级方程式赛车

作者建议

1. 传统禁忌

从社交礼仪上讲，一般情况下男性不主动跟女性握手，应先等女性伸手，以免尴尬。在阿拉伯国家，女性一般不会主动跟男性握手。海湾国家的传统女性绝对不跟男性握手。在阿拉伯国家拍摄女性时一定要争得对方同意，一般戴面纱的女性是不会在公开场合拍照的。进入清真寺参观必须脱鞋，而且要先迈右脚进入。女性参观者应戴头巾或领取一件长袍套在身上，否则不能进入。在礼拜时间参观清真寺切勿喧哗。清真寺内绝对禁止吸烟、吐痰。

阿拉伯国家一般是禁酒的，某些酋长国虽然开放酒水，但仅限于在国际酒店内。在正式场合，餐馆里不允许卖酒和饮酒，正式宴会上更不能饮酒。

阿联酋某些地区禁止当地男士佩戴首饰。如沙迦酋长国警方就加强了对公共行为法规的执行力度，严查男士在公共场合佩戴项链、手镯、耳坠等时尚首饰，一经发现，首饰将被没收。另外，穆斯林女士在宗教场合不准穿露背、露肚、露膝、紧身、透明的衣服；男士不准在公共场合穿短裤或光膀子；不准在街道或公共场所穿泳装。除直系亲属外，孤男寡女不能在公共场所或可疑场合独处。不准在公共场所大声喧哗、出言不逊或以任何言行骚扰他人；不得穿睡衣、印有图像或不当字词的衣服进入清真寺，等等。因此，外国人也应注意遵守当地的这些法律法规。

2. 对外交往提示

（1）中国公民应持真实有效的中华人民共和国公安部或其授权单位颁发的护照来国外经商或旅游，同时请注意护照的安全和有效期。

（2）前往阿联酋访问或旅游，请出行前到阿联酋驻华使馆办理好签证。如在担保人为其办理落地签证的情况下，担保人应到现场。被担保人入境前应将入境许可提交其拟入境口岸。

（3）来访者应在签证有效期内离境，不可在签证过期后滞留。

（4）请中国公民注意自身安全和财产安全，其中包括交通安全、食宿安全、在银行存汇款安全，不要在地下钱庄办理存汇款业务等。一旦发生不测，请及时报警。

（5）在阿联酋驾车，要持有车辆和本人合法的牌照和证件，切记不要无照驾车、酒后驾车或乱停车，否则将受到重罚。

3. 阿联酋使领馆联络方式

中国驻阿联酋大使馆（阿布扎比）

电话：00971-2-4435276

传真：00971-2-4436835

电子邮件：chinaemb_ae@mfa.gov.cn

中国驻迪拜总领馆

电话：00971-4-3944733

传真：00971-4-3952207

电子邮件：Chinaconsul db ae@mfa.gov.cn

阿联酋报警电话：999

PART 2

旅游资讯
地图导览

迪拜是您一生旅行中必去看的城市，去迪拜旅游不但要把您的口袋装满钞票，去享受它的奢华与现代，更要去体验这个古老而又神秘的民族，了解它的文化习俗与特征，尊重阿拉伯民族传统的生活习惯，读一读本书的实用信息，将会为您的旅游带来极大的方便。

旅游资讯图例

🗺 电话

📠 传真

🎫 门票

🕐 开放、营业时间

✈ 位置

📧 电子邮箱

📷 网址

🛫 交通

🛏 房间数量

签证信息

1. 签证申请所需文件及要求

(1) 阿联酋公民赞助人清晰的护照复印件。

(2) 国外被赞助人清晰的护照复印件。

(3) 旅游者的旅游保险。

(4) 所有照片必须为彩色近照，宝丽来照片不被接受。

2. 签证所需费用（见下表）

签证天数	签证性质	签证费用
14天多次入境签证		2110迪拉姆
90天长期访问签证	个人	1110迪拉姆
30天短期访问签证	个人	610迪拉姆
90天长期访问签证	公司	1110迪拉姆
30天短期访问签证	公司	610迪拉姆
学生签证	赞助方必须是阿联酋境内有高等教育部认证的挂牌的大学或教育机构之一	1110迪拉姆
医疗签证		1110迪拉姆
展会/节日/会议签证		210迪拉姆
落地签（33个国家）		620迪拉姆
旅游签证（旅游公司）		210迪拉姆
海湾合作委员会成员国公民陪同签证		165迪拉姆
海湾合作委员会成员国公民（居民）签证		165迪拉姆
代表团签证		320迪拉姆
过境签证		165迪拉姆

此外，除非另有规定，在签发任何种类的签证之前，迪拜移民局会收取访客1000迪拉姆作为押金，当离开迪拜时将返还此押金。

提示

移民局工作时间

迪拜移民局的工作时间为周日至周四，8：00－14：00，公共假期除外。周五和周六休息。

3. 便利签证信息

如果您拥有以下国家的国籍，访问阿联酋无需提前办理签证，只需到机场后在移民柜台办理30天的访问签证即可。这些国家和地区包括：澳大利亚、安道尔、奥地利、文莱、比利时、加拿大、丹麦、芬兰、法国、德国、希腊、香港、冰岛、爱尔兰、意大利、日本、列支敦士登、卢森堡、马来西亚、摩纳哥、荷兰、新西兰、挪威、葡萄牙、圣马力诺、新加坡、韩国、西班牙、瑞典、瑞士、英国、美国及梵蒂冈。除以上国家公民外，海湾联合委员会成员国巴林、科威特、阿曼、卡塔尔和沙特阿拉伯的公民也可以办理落地签证。

4. 签证办理地点及要求

（1）其他国家的公民需要到离其最近的阿联酋大使馆申请签证。

（2）所有到访阿联酋的游客都需要拥有健康保险。

（3）只有阿联酋公民有权赞助朋友到访。

（4）以色列公民被禁止入境阿联酋。

（5）已经身在阿联酋的访客，在其离开迪拜前不可重复获得入境许可。

关于最新的签证信息，请与离您最近的阿联酋大使馆联系，或者是在您的旅行社、旅游公司或酒店确认。

以上签证信息及签证申请价格仅供参考。

5. 迪拜免税品额度

（1）4升酒精饮品（包括红酒、啤酒和烈酒，只允许非穆斯林的成年人携带）。

（2）400只香烟或2公斤其他香烟制品。

（3）礼品和个人用品。

⌛ 最佳旅游季节

迪拜最佳的旅游季节是每年的11月至次年的5月。因为此时夜间比较凉爽，尤其是12月至2月，日间平均温度在24℃左右，夜间温度低于13℃。

另外，每年3月都举办迪拜国际购物节，其间吸引了全球众多游客前往，因此，综合气候、人文等因素3月是到迪拜最佳旅游时间。

📱 实用信息

1. 语言

阿联酋官方语言为阿拉伯语，英语在商业中被广泛使用。其他常用语言还包括印地语、乌尔都语、马拉雅拉姆语、孟加拉语、俄语和菲律宾语。

2. 交通

迪拜市内的公共交通较发达，选择多样，经济便捷。

（1）出租车：出租车是在迪拜游览最便捷的方式。迪拜运营的出租车达7000余辆，全部由政府监管，游客乘坐出租车在市内游览最低价为10迪拉姆，从机场打车到迪拜的任何地方的起步价为20迪拉姆，如果您要去往沙迦、乌姆盖万和阿治曼等北部的酋长国需要再加20迪拉姆。

迪拜的出租车公司提供24小时电话预定服务，预定电话为：971-4-2080808。您可以立即得到回复，一般情况下出租车会于15分钟内到达。更多信息请登录（http://dtc.dubai.ae）。

出租车

公共汽车

公共汽车站

（2）女士出租车：迪拜有专为女士提供服务的出租车。女性出租车由女性司机驾驶，车内外装有粉红色的车顶、车座和内饰，很容易辨认。与许多阿拉伯国家风俗一样，阿联酋女性通常不喜欢单独与陌生男性同乘在一起，因此，这种女士出租车非常受欢迎。

（3）汽车租赁：在迪拜旅游可以在当地租赁汽车自驾。租赁业务一般是在当地或国际知名的汽车租赁公司办理，办理租赁业务时，客户必须出示护照及有效的国际驾照。如果没有国际驾照，只要持有下列国家的有效驾照，也可以获取一个当地的临时驾照，这些国家包括：澳大利亚、奥地利、比利时、加拿大、塞浦路斯、捷克、丹麦、芬兰、法国、德国、希腊、荷兰、冰岛、伊朗、爱尔兰、意大利、日本、卢森堡、挪威、波兰、葡萄牙、新加坡、斯洛伐克、南非、韩国、西班牙、瑞典、瑞士、土耳其、英国和美国。办理当地临时驾照时，需提供护照及本国有效驾照和两张照片。加拿大公民在前往交通部门核实驾照前必须先从驻迪拜的加拿大领事馆获得一份宣誓书。

（4）公交汽车：迪拜的公交车配置都比较高档，除乘坐舒适外，还有为特需乘客预留有专用坐席和精心设计的车门，以及低矮的车厢地板，也有专为妇女、儿童和老人准备的特殊座位。车厢内还装有先进的空调设备，电子目的地和路线显示系统及电子车费计算系统。每天高峰时，市内有79条公交线路、734辆公交汽车为乘客提供服务。全市共建有超过1860个巴士停靠站和1302个路边乘客遮阳棚。巴士运营时间一般从早上5点到午夜过后，建议经常乘坐公交车的乘客购买预付卡或NOL卡。

（5）机场巴士：迪拜的RTA公司提供了多条机场往来线路。这种机场巴士来往于各航站楼，通往市内80多家酒店和自助公寓，每个航站楼之外也有市区巴士停靠站，此外，1号、2号和3号航站楼外均有24小时等候的出租车。迪拜国际机场的巴士都是定制的专用车，拥有充足的行李存放空间。

（6）地铁：2009年开始运营的迪拜地铁运行于Rashidiya到JebelAli之间，地铁站与巴士站相互接驳，是出行者选择公共交通日常出行的重要方式。

迪拜地铁站

（7）NOL卡：NOL卡是RTA公司推出的一种适合地铁出行的卡，此卡可在迪拜地铁站售票处、自动售票机、迪拜的公交车站、RTA的客户服务中心，以及RTA授权的销售代理商处购买到。NOL卡零售价20迪拉姆，其中6迪拉姆是购买卡的费用，剩下的是乘坐预付费。NOL卡最多可充值500迪拉姆，预付费有效期为5年。红色NOL票使用另有规定，请您届时查询当地相关部门和网站。

（8）水上巴士：水上巴士是观赏迪拜和德以拉之间景色的新颖的方式。从Al Shindagha站开始，游客可以享受45分钟迪拜至Al Seef站的风景。除了旅游服务，水上巴士也满足城市居民通行的需求，水上巴士开设了5条线路，每条线路沿线风景宜人，巴士内配有空调，坐席也舒适宽敞，如果需要还有轮椅服务。如果想了解水上巴士的详细情况，请致电：971－4－3963135。

（9）特别提示：①UAE道路靠右驾驶；②系安全带是强制要求；③驾驶途中使用手机是违法行为；④某些轻微交通违章行为将导致现场罚款；⑤酒后驾车是违法的，最高合法血液含酒精量容忍度为零；⑥高速公路和主要交通道路用阿联酋道路号码表示；⑦蓝色和绿色路牌代表市区外主要地区或地址，棕色路牌代表遗址，名胜古迹和医院；⑧市区车速限制为60～80km/h，高速公路限制在100～120km/h。

3. 时差

阿联酋比北京时间晚4个小时。

4. 货币

阿联酋货币是迪拉姆，简称为AED，或更通常被称为Dhs．1迪拉姆可分为100菲尔。迪拉姆是国际货币基金组织中享有特别提款权的货币。迪拉姆与美元保持固定汇率兑换，汇率中间价约为1美元兑换3.679迪拉姆。

阿联酋货币

目前人民币在阿联酋不能流通，美元为通用货币，可在酒店前台或银行换成当地货币或美元。在阿联酋，机场银行及市区内大部分商业银行有外币兑换业务。

水上巴士

5. 银行

多数国际银行在迪拜均设有分行。大多数银行每周营业六天，营业时间为周六至周四早上8点到下午2点，周五为休息日。

迪拜国家银行

6. 外币携带规定

中国海关规定每人可携带5000元美元或等值于5000美元的人民币出境。游客若需要携带大量外币出境时需申请VISA或MASTER国际卡。

American Express、Diners Club、MasterCard和Visa 卡在阿联酋广泛接受使用。

7. 营业时间

周五是迪拜的国定休息日，但是政府机构、学校和很多私营公司周六也休息。一些私营企业周四下午和周五休息。阿联酋的营业时间各不相同，有些公司工作时间为早上8点至下午1点，下午4点至晚上7点；而有些公司直接从早上8点工作至下午5点半，中间有一小时午饭时间。大使馆和领事馆办公时间为早上8点45分至中午12点半，周五和周六休息，但是一般都会留下自动答录机号码供紧急情况拨打。

8. 电力

迪拜的电力供应是220/240 V 50 Hz。插座多为三孔扁平式，也因建筑而异。

Etisalat运营大楼

9. 电信

Etisalat和Du是迪拜重要的电信运营商。电话可以直拨到世界大部分国家，迪拜市内固定电话通话是免费的。电报、传真和电子邮件等被广泛使用，大多数当地酒店为顾客提供上网设施，只象征性地收取很少费用，此外，迪拜还有很多网络咖啡屋。Etisalat阿联酋游客帮助热线是800 2300，游客也可致电7000-1-7000进行娱乐和购物查询。

10. 报关

如果携带专业相机、摄像器材和笔记本电脑一定要报关，以免不必要的麻烦。

11. 水

迪拜的自来水是可以安全饮用的。酒店和饭店提供本地瓶装和进口矿泉水，也可以在超市购买。

提示

斋月注意事项

　　阿拉伯国家斋月期间，在日出后和日落前不许在公共场所和大街上喝水、吸烟、吃东西，餐厅和饮品店在这个时间关门停业；斋月期间，女士们要尽量注意穿长袖衣服和长裤，穿着不要太暴露。

12. 手机

开通国际漫游的全球通手机可以使用。往中国拨打电话先拨0086（00为国际长途，86为中国的国家代码），再拨城市区号及电话号码。

13. 小费

阿联酋服务行业的小费并无统一标准，旅馆、餐馆一般均收取15%的服务费，但根据当地习惯，顾客还要付给旅馆打扫房间的工人每天5个迪拉姆小费，付给餐馆服务员5～10个迪拉姆的服务费，对帮助提行李的服务员一般给5个迪拉姆小费。

住宿和用餐时，多数酒店和餐厅会在帐单上加收10%～16%服务费，因此不用付小费。如果帐单没有包括小费，结账时要付帐单的10%费用作为小费就可以了。

14. 着装

（1）在七星酒店和八星皇宫酒店用餐的客人必需穿正装，进入七星酒店客人，不能穿旅游鞋和半袖圆领休闲T恤。

（2）女士不准穿露背、露肚、露膝、紧身、透明的衣服。

（3）男士不准在公共场合穿短裤或光膀子。

（4）在海边不准在海滩上穿太暴露的泳装。

15. 斋月

斋月在伊斯兰回教教历的第9个月，是穆斯林信徒们纪念古兰经的高贵先知默罕默德（愿他安息）日子，为伊斯兰整年中最神圣的月份。在这个月份中，穆斯林白天禁食，利用整个斋月进行精神反思。斋月期间内在公共场合进食、饮水和吸烟都是禁止的。游客们可以通过参加众多豪华的开斋节自助餐感受斋月的气氛精神。开斋节标志着斋月的结束，并连续庆祝三天。特殊的晨祷过后，人们互相拜访，孩子们可收到礼金。

16. 喝酒的场合

除在寓所和星级酒店可以喝酒外，其他的场所或大街上不许喝酒。

17. 谈话禁忌

在与当地人交往中，与先生谈话不能主动问及其夫人的情况；与妇女交往只能简单问候几句，不能单独或长时间与她们谈话，更不能因好奇盯住看她们的服饰，也不许给她们拍照。

18. 男女交谈禁忌

除直系亲属外，孤男寡女不能在公共场所或可疑场合独处。

19. 用餐习俗

通常迪拜家庭就餐的时候仍是席地而坐，并且是用手抓食，在迪拜家庭做客时最好入乡随俗。

20. 饮食禁忌

在饮食生活方面，禁食猪、马、骡、驴、狗、蛇、火鸡和自死动物肉、浮水鱼及一切动物的血，禁食虎、狼、狮、豹、熊、象、猴、鹰、鹞等猛禽猛兽，禁吸鸦片等毒品。这也是古兰经中规定穆斯林饮食的范围和习惯。

21. 紧急电话

迪拜报警电话或紧急求救电话 999；医院急救电话：998。

22. 特殊需要服务

（1）迪拜机场高度关注特殊旅客的需求，在1号和3号航站楼都有特殊服务厅。1号航站楼的特殊服务厅位于出发大厅，3号航站楼有三个特殊服务厅，其中两个位于到达和出发厅，一个位于离境大堂。此外，这两个航站楼内还设有专门的无人陪伴儿童休息室。迪拜机场的特殊服务设施还包括：特殊停车位、为残障泊车许可持有者提供免费代客泊车服务、机场周边斜坡通道、人行通道、自动门、搬运工服务。机场还设有隧道专门运送车，在出发大厅的餐饮中心前铺设有斜道。

饮水机设备、海关检查、厕所、电梯和所有的登机口都方便轮椅客人使用。一旦要求，所有航班都可以为有特殊需要的客人安排登记服务。在每年一度的朝圣时节，还有专门的特殊服务。

详情请查询阿联酋航空公司办公室电话：971-4-2162016或2162244。也可联系Dnata垂询特殊服务，电话：971-4-2164617或971-4-2164615。

（2）迪拜交通部有一些专门为有特殊需要的游客设计的运送车，车上配有电梯，为旅客提供安全舒适的旅程。如需预定该车辆，请致电迪拜交通部24小时服务电话：971-4-2245331。

（3）迪拜许多购物商场设有专为残疾人士配置的设施。这些商场包括：Al Bustan Centre、Al Ghurair Centre、Al Khaleej Centre、Al Reef Mall、BurJuman Centre、Deira City Centre、The Dubai Mall、Ibn Battuta Shopping Mall、Emirates Towers Boulevard、Lamcy Plaza、Mall of the Emirates、Mazaya Centre、Mercato、The Galleria和Wafi Shopping Mall、迪拜博物馆、古迹村和潜水村都有轮椅供有需要的游客使用。Al Mamzar海滨公园、儿童城、Creekside公园、朱美拉海滨公园、Mushriff公园、Safa公园和Zabeel公园也有为特殊需要的游客提供便捷设施。

（4）迪拜顶级的酒店都为有残疾的客人设有特殊的舒适客房及设施，与此同时，越来越多的境内运营商包括Danat Dubai Cruise Ltd、North Tours和Orient Tours都为有特殊需要的旅客量身定制的旅行套餐。DTCM指南里有专门为残障人士提供的交通工具信息。为保证指南的准确性，一个包括轮椅使用者的特殊志愿者团队，定期对建筑物和娱乐中心等场所的通道设施进行检测评估。

23. 迪拜紧急电话

警察	999
救护车	999
消防局	997
电力	991
紧急服务	971-4-2232323
旅游安全	8004888
迪拜网上政府	700040000 （迪拜政府部门网上服务和投诉）
电话查询和黄页	181 （阿联酋黄页提供英语和阿拉伯语版）
迪拜警方	Al Ameem
服务部	8004888 （报案）
迪拜移民局	Amer
服务部热线	8005111
迪拜租赁委员会	971-4-2215555（投诉业主包括多收租金）
迪拜市政府公共卫生局	971-4-2232323
迪拜消费者权益保护	971-4-2020299 （供消费者投诉迪拜经济部门）
阿联酋消费者权益保护部	971-4-2954000（供消费者投诉迪拜消费者保护办公室和经济部门）
阿联酋央行控制和监察部	971-4-3939777 （供消费者投诉银行）
劳工投诉	800665 （免费热线）
劳工联合投诉	971-4-3139900
迪拜部分医院电话	
Al Wasl 医院	971-4-2193000

旅游资讯 地图导览

American 医院	971-4-3096645
Dubai 医院	971-4-2195000
Baraha 医院	971-4-2710000
Rashid 医院	971-4-3371323
Welcare 医院	971-4-2829900
信用卡投诉电话	
国际万事达卡	971-4-3914200
国际VISA卡	971-4-3319690
美国运通卡	8004931
Diner's 俱乐部	971-4-3455800
迪拜国际机场服务电话	
迪拜国际机场	971-4-2245555
迪拜机场航班信息	
Voice	971-4-2166666
Portal	971-4-2245777
Emirates	971-4-2144444
迪拜天气预报	971-4-2144444（来自迪拜气象局机场办公室）
迪拜部分出租车公司	
Arabia 出租车	971-4-2855566
Cars 出租车	8004825
Dubai 出租车	971-4-2080808
Golden 出租车	971-4-3365444
National 出租车	971-4-3366611
Dubai 地铁	8009090

饮食

　　阿联酋的特色餐饮包括：阿拉伯烤鸡、阿拉伯甜品、阿拉伯烤牛、阿拉伯烤羊等。阿联酋的特色餐饮为阿拉伯风味，阿拉伯餐虽与西餐相似，包括开胃菜、汤、沙拉、烧烤、甜点。牛羊肉的做法多种多样，一大群人围坐在一起品尝综合烧烤，感受非凡。如果感兴趣，可以品尝一下阿拉伯甜品，阿拉伯的甜品由肉水果蔬菜制成，配上阿拉伯风味的酱汁，香甜可口，阿拉伯沙拉则是以水果、蔬菜配上酸奶、橄榄油、盐等，即可口，又开胃。还有香酥的阿拉伯大饼，面饼上面撒上芝麻，然后烤熟，有一种纯粹的面香。

1. 阿拉伯风味

受不同文化的影响，中东菜肴以芳香、色彩和味浓著称。新鲜蔬菜、谷物、豆类（尤其是扁豆和鹰嘴豆）、海鲜、橄榄油和香草是烹饪的主要材料。小茴香、香菜、肉桂、香菜种子、辣椒、小豆蔻籽、红辣椒和藏红花是经常使用的香料。

Mezze：中东餐馆里最常见的开胃菜，浅尝一口，芬芳就在唇齿间蔓延开来，是素食者的理想选择。Mezze经常会配上许多调料，如用红石榴子装饰的奶油鹰嘴酱、辣椒茄子酱和配以热面包吃的辣椒核桃酱。Mezze拼盘一般包括橄榄油、西红柿、整条泡菜、甜菜和胡萝卜。随着饭局的进行，随后上的是口味更重更香辣的菜，包括烤肉串、串烧烧烤、五香羊肉和炭火烤鸡肉等。

Mezze

Baba ganoush：中文名称是茄泥糊糊，是一种由茄子、大蒜、芝麻酱、柠檬汁和橄榄油混合烤制而成的菜。

Falafel：可能是中东最广泛认可的食物，是由鹰嘴豆酱、洋葱和香料制成的油炸沙拉三明治。

Fattoush：是一种由绿色蔬菜和西红柿扮成的沙拉，可以就着阿拉伯烤面包片夹薄荷叶、柠檬和橄榄油酱食用。

Fattoush

阿拉伯面包：味道非常好，可以夹上蔬菜、香脆烤羊肉片、鹰嘴豆酱和辣椒茄子酱吃。面包还可以切开成一个口袋，内装沙拉、肉类或油炸鹰嘴豆饼。最好刚从烤箱拿出来的时候就趁热吃，椭圆型的扁平面包几乎每餐必备。

Hummus

Hummus：黄油质地的Hummus是一种浸有芝麻酱、橄榄油、大蒜和柠檬汁的鹰嘴豆泥。这美味的开胃菜通常与松子、石榴籽、香菜、小茴香和辣椒粉一起食用。

Tabouleh：是一种由小麦、香菜和切碎的薄荷制成的美味沙拉，为传统沙拉的完美替代品。

Tabouleh

另外，游客也应该尝尝广受好评的阿联酋传统菜，比较著名的有：

Batheeth：新鲜成熟的椰枣就着调味汁。

Balaleet：一种由鸡蛋、洋葱、桂皮和糖制成的细面条，是早餐的主食。

Fareed：是一种将肉类和蔬菜一起做的炖菜，倒在一片很薄的面包片上然后立即吃。可以用鸡肉或羊肉为主料，然后配上蔬菜，如胡萝卜、土豆和西葫芦。斋月期间这种菜每天都吃。

Harees：碎小麦和水制成。制作时将肉、小麦和水放进一个大泥锅里，然后慢慢炖，直到肉变的酥软，这些食材慢慢会混在一起直到熬成粥一样。

Khabeesah：是一种烤面粉做的甜点，配料是水、糖和藏红花。

Khamir：抹着蜂蜜和椰枣酱的厚面包。

Lukaimat：炸透的面团裹着椰枣酱。

Machboos

Machboos：这是一种将羊肉或鸡肉同香料、干柠檬、大米和洋葱慢慢熬制而成的食物。首先将所有食材煮沸直到所有的水分蒸发完，然后将肉取出，将米倒入和其他食材继续煮，然后将肉再放入锅中煮一到两小时。鸡肉饭和羊肉饭是最受欢迎的美食之一，午餐特别受青睐。

Mohalla：扁面包就着蜂蜜和椰枣酱一起吃的mohalla是一种早餐。

2. 阿拉伯餐馆

来迪拜品尝中东美食的餐馆有：

（1）Al Hadheerah，Jumeirah Bab Al Shams Desert Resort & Spa

这里的阿拉伯菜最为正宗。在满天繁星映衬下，客人们可尽情享用经过燃木烤炉制作的美味烧烤（www.jumeirah.com）。

（2）Al Iwan，Burj Al Arab

位于世界最高建筑物的中厅，环绕有金色的大柱子和阿拉伯海装饰的窗户，这里可以享用到最奢华的阿拉伯美食。招牌菜是Hammour（石斑鱼）和Taouk（烤鸡肉串）（www.jumeirah.com）。

（3）Al Khaima，Le Royal Méridien

这家餐厅在海边，露天设计，供应丰盛的冷热风味小吃和美味的烧烤（www.leroyalmeridien-dubai.com）。

（4）Persia Persia，Wafi

这家餐厅以蓬松的黄油米饭而闻名，可以俯瞰Wafi花园。菜单包括经典沙拉、烤肉串、炖肉和甜点（www.wafi.com）。

（5）Marrakech，Shangri-La Hotel Dubai

位于迪拜香格里拉酒店的院子里，专门经营当代摩洛哥美食（www.shangri-la.com）。

（6）Shabestan，Radisson Blu at Dubai Deira Creek

这家波斯风格的餐厅以多汁的羊肉和石斑鱼，新鲜烘培的面包和现场音乐招待食客（www.radissonblu.com）。

阿拉伯餐馆

3. 亚洲美味

迪拜的亚洲风味餐厅四处可见，想体验正宗亚洲美食的游客一定能在迪拜如愿。

（1）Blue Elephant，Al Bustan Rotana

美食有鸡肉串、脆春卷蘸糖醋酱、辛辣的冬阴功汤和青木瓜沙拉等。Blue Elephant餐厅提供最好的泰式菜肴（www.blueelephant.com）。

（2）Shang Palace，Shangri-La Hotel Dubai

精于粤菜的Shang Palace餐厅位于迪拜香格里拉酒店，供应白灼鱼、美味蒸点、北京烤鸭和酱炒蔬菜等中国美食（www.shangri-la.com）。

美味肉串

（3）Zuma，Dubai International Financial Centre

日式居酒屋风格，有讨人喜欢的沙拉和开胃菜，如就着青椒和酸橙的香酥鱿鱼、寿司和刺身、烧烤如烤

日式美食

香菇、日本牛肉，招牌菜包括烤酱腌鹅肝和就着日本特有的ponzu酱油的香脆柠檬（www.zumarestaurant.com）。

4. 印度菜

（1）Antique Bazaar，Four Points Sheraton Bur Dubai

菜单包括可以追溯到的莫卧儿帝国时代起源的著名印度咖喱菜（www.starwoodhotels.com）。

（2）Asha's，Wafi

这家专门从事西北印度料理的餐厅，以烤肉串而闻名（www.wafi.com）。

（3）Indego，Grosvenor House

喜爱印度菜的游客都不该错过这家餐厅，推荐菜有Hammour tikka和椰子饭配家乡风味咖喱鸡（www.grosvenorhouse-dubai.com）。

5. 国际美食

（1）Frankie's，Oasis Beach Tower

这家意大利家族餐厅多次获得"What's On magazine's"最佳意大利餐厅奖。菜单上有80多种正宗意大利北部美食（www.jebelali-international.com）。

（2）Manhattan Grill，Grand Hyatt Dubai

想品尝正宗牛排的游客到这里绝对没错。餐厅供应正宗的烤肉，都采用上等Wagyu和 Nebraskan牛肉烹制（www.dubai.grand.hyatt.com）。

（3）Reflets par Pierre Gagnaire，Inter Continental Hotel - DFC

主厨Gagnaire带来强烈当代法国意识的菜单。有专业调酒师和美食家Etienne Haro带领您通往美食的仙境（www.ichotelsgroup.com）。

（4）The Irish Village，The Aviation Club

这里是一个聚会、聊天的好地方。The Irish Village（爱尔兰村餐厅）提供传统的爱尔兰美食，包括用浓香扑鼻的西红柿酸辣酱拌熏鲑鱼、裹着Guinness面糊的炸蘑菇和自制的爱尔兰炖菜。用餐时还可以欣赏乐队现场演奏音乐（www.aviationclub.ae）。

6. 名厨餐厅

（1）Nobu

主厨Nobu Matsuhisa将现代日本元素和阿拉伯风味融合在一起，重新定义了日本料理（www.atlantisthepalm.com）。

（2）Ossiano

米其林三星厨师Santi Santamaria掌勺加泰罗尼亚风味海鲜料理（www.atlantisthepalm.com）。

（3）Rhodes Mezzanine

Rhodes Mezzanine由米其林厨师Gary Rhodes领军。这家餐厅为顾客提供在迪拜最令人惊叹的场所体验现代最好的英式美食的机会。Rhodes Mezzanine餐厅将包括巴洛克式在内的众多建筑风格融合在一起，并注入了自己的现代化设计，创造了炫目的艺术风格（www.grosvenorhouse-dubai.com）。

（4）Rostang

在这个传统与现代交融的法国小餐馆内，米其林二星级厨师Michel Rostang仿佛将巴黎带到了棕榈岛亚特兰蒂斯酒店（www.atlantisthepalm.com）。

（5）Verre by Gordon Ramsay

以现代欧洲菜闻名的菜单，赢得了国际好评。著名厨师Gordon Ramsay掌勺，野生鹌鹑的意式馄饨是这家餐厅的招牌菜（www.hilton.com）。

7. 当地小吃

（1）shawarma：它是一种中东式的卷饼，是一种扁平的面包，上面摊上烤鸡肉或薄羊肉片，配上切碎的蔬菜，大蒜蛋黄酱包裹进口袋面包片中。

小吃

（2）烤鸡：是当地另一种美味小吃，烤鸡最好趁热吃，配上蘸着Hummus的阿拉伯面包是最美味的搭配。

（3）印度小吃：在迪拜也可以品尝到最好的印度小吃，如sev puri和bhel puri。

烤鸡

🏠 住宿

　　迪拜是奢华的代名词。如果您根据自己经济条件和喜好选择一些世界上最豪华的酒店——阿玛尼酒店（Armani Hotel）和别致的迪拜购物中心阿德里斯酒店（The Address, Dubai Mall Hotel），以及雄伟的帆船酒店、沙漠绿洲酒店、阿尔玛哈沙漠度假村和水疗馆（Al Maha Desert Resort & Spa）等。这些多样的酒店能满足各种不同的喜好与预算。在迪拜其他地方，也有很多三、四、五星级的和不知名的酒店，价格从几百元到上千元人民币。

五星级酒店（区号：971-4）

1. 阿尔玛哈沙漠度假村和水疗馆
（Al Maha Desert Resort & Spa）

- 📧 8329900
- 🏨 8329211
- 📧 reservations.almaha@luxurycollection.com
- 🌐 www.al-maha.com
- 🛏 42

特色：

①位于Dubai Al-ain 高速公路边上，被绿洲包围，是第一个阿联酋生态旅游度假村；

②位于沙漠中的一个225平方千米的私人保护区；

③ 距迪拜市大约40分钟的车程；

④提供传统的沙漠活动，如猎鹰、骑马、骑骆驼、4X4越野等；

⑤被命名为非洲和中东地区的最佳酒店，并获得美国国家地理旅行者2004年度世界遗产奖。

2. 阿玛尼酒店
（Armani Hotel Dubai）

- 📧 8883888
- 🏨 8883777
- 📧 info@armanihos.com
- 🌐 www.armanihos.com
- 🛏 160

特色：

①位于世界最高建筑——迪拜塔内；

②由乔治阿玛尼亲自设计，着重通过材料、造型和柔和的灯光，反映了他对高雅和时尚的个人追求。该酒店距离机场10分钟。

沙漠里的五星级酒店

亚特兰蒂斯酒店

亚特兰蒂斯酒店内的糖果店

3. 亚特兰蒂斯酒店
（Atlantis The Palm）

- 4261000
- 4261001
- reservations@atlantisthepalm.com
- www.atlantisthepalm.com
- 1539

特色：

①位于革命性的人造岛屿朱美拉棕榈岛上；

②度假区共46公顷，上千家间客房和套房，5600平方米的综合会议中心；

③水上主题乐园，为游客提供壮观的滑道，近乎垂直下降的水滑梯和冲浪泳池等设施；

④诸多美食餐厅；

⑤无与伦比的会议、宴会、娱乐设施，是迪拜具有代表性的最大的酒店。

4. 阿拉伯塔饭店（帆船酒店）
（Burj Al-Arab）

- 3017777
- 3017000
- BAAreservations@jumeirah.com
- www.jumeirah.com
- 202

特色：

①位于人造岛屿上，距朱美拉海滩酒店280米；

②是一个建筑和工程奇迹，造型如同一个阿拉伯独桅帆船优雅的船帆，达到321米高；

③奢华的落地玻璃窗复式套

帆船酒店

迪拜希尔顿饭店

房，以确保能一览壮观的迪拜和阿拉伯湾的景色；

④二家超现代的餐厅，分别是海拔200米的AlMuntaha和水下主题的Al Mahara；

⑤配备泳池、按摩浴缸、水疗、按摩、美容和治疗室、健美操室和设施先进健身房的Assawan水疗中心及健身俱乐部。

5. 希尔顿酒店
（Hilton Dubai Jumeirah Resort）

- 📧 3991111
- 📠 3991112
- 📮 reservations.dubai@hilton.com
- @ www.hilton.com
- 🍽 389

特色：

①直接俯瞰朱美拉海滩，距市中心和迪拜国际机场30分钟车程；

②诸多美食餐厅，包括BiCE（意大利风味）、Wavebreaker、Oceana and Pachanga（拉美风味）等；

③拥有一流的设施，包括健身房、桑拿浴室、蒸汽浴室和温控游泳池等；

④拥有商务中心、会议设施和宴会厅。

6. 伊本·巴图塔酒店
（Ibn Battuta Gate Hotel）

- 📧 4440000
- 📠 4440001
- 📮 reservations.ibnbattuta@moevenpick.com
- @ www.moevenpick-dubai-ibnbattuta.com
- 🍽 396

特色：

①坐落于Ibn Battuta 购物中心旁边，靠近迪拜地铁，Jebel Ali自由贸易区和朱美拉棕榈岛海滩；

②由著名的瑞士酒店和度假村集团Movenpick经营，有29个主题套房；

③全球美食家的选择和一流设施装备的商业和个人会议室

7. 朱迈拉海滨酒店
（Jumeirah Beach Hotel）

- 3480000
- 3016800
- reservations@jumeirah.com
- www.jumeirah.com
- 617（包括套房和Beit Al Bahar别墅）

特色：

①位于朱迈拉　海滩路，紧靠帆船酒店；

②　套房有落地玻璃窗，可以观赏阿拉伯海湾全景；

③诸多精品餐厅，酒吧，咖啡馆，供应阿根廷、意大利、黎巴嫩菜及海鲜等各类佳肴；

④The Pavilion Marina体育俱乐部拥有设备齐全的健身房、7个网球场、3个壁球场、桑拿、按摩浴缸和治疗室等；

⑤一系列的水上运动项目，包括PADI 国家地理认证的水肺潜水等。

朱迈拉海滨酒店

8. 凯宾斯基酋长国购物广场酒店
（Kempinski Hotel Mall of the Emirates）

凯宾斯基酋长国购物广场酒店

- 3410000
- 3414500
- reservations.malloftheemirates@kempinski.com
- www.kempinski.com/dubai
- 393（包括15间滑雪小屋）

特色：

①位于Sheikh Zayed 路的Al Barsha 地区，距迪拜国际机场仅20分钟车程；

②酒店有3家餐馆和3个酒吧，还有健康中心，网球场，Softouch Spa，Maison de Joelle沙龙，13个宴会和活动厅，全配套商业中心，游泳池和一个行政休息室；

③直接可到阿联酋购物中心和迪拜滑雪场。

9. 香格里拉酒店
（Shangri-La Hotel）

📞 3438888

📠 3438886

📧 reservations.sldb@shangri-la.com

🌐 www.shangri-la.com

🛏 302

特色：

①距迪拜国际机场30分钟车程，距迪拜世贸中心和迪拜国际会展中心5分钟的车程；

②拥有专用的豪华阁楼层、专属休息室和一个独立的配备室内游泳池的豪华健身俱乐部；

③绝佳餐厅和国际美食自助餐，包括越南、摩洛哥和粤菜等；

④香格里拉健康俱乐部和水疗中心提供功能设备齐全的健身房、桑拿和蒸汽室、9个治疗室、按摩浴池、壁球和网球场、一个零售体育用品店、池畔的果汁酒吧和一个户外度假式游泳池；

⑤拥有两个可容纳500人的宴会厅和3个额外的多功能厅。

10. 迪拜丽思卡尔顿酒店
（The Ritz-Carlton, Dubai Hotel）

📞 3994000

📠 3994001

📧 reservation.dubai@ritzcarlton.com

🌐 www.ritzcarlton.com

🛏 138

特色

①位于迪拜码头的Al Sofouh路，距朱美拉海滩约1000英尺；

②拥有广泛的休闲设施，包括 The Ritz-Carlton水疗中心、3个游泳池、4个网球场、2个壁球场和一家健身房；

③海湾精致餐厅，诸多高档餐厅，意大利餐厅Splendido、The Lobby Lounge 和Amaseena。

迪拜丽思卡尔顿酒店

11. 阿联酋铂尔曼购物中心酒店
（Pullman Mall of The Emirates）

📞 7028000

📠 7028010

📧 h7337@accor.com

🌐 www.pullmanhotels.com

🛏 481

特色：

①位于 Al Barsha的Sheikh Zayed路，离阿联酋购物中心地

铁站仅数步之遥；

②加入酒店的互动餐饮体验，Sanabel供应多汁的烧烤和定做沙拉，Soda Box是一个有趣的咖啡卡座，有60年代的怀旧晚餐环境。在Vantage可品尝到世界各地美酒佳酿；

③在我们的"共同会议承诺"下，精心的活动准备组和先进的会议设备将给您带来完美的会议体验；

④在酒店顶层的Sanctuary spa，游泳池和健身房有时尚新颖的水疗设施，一个全天候的健身中心，2个户外游泳池和一个泳池休息室提供健康小吃，并可看到城市的全景；

⑤直接通往拥有500多家商铺的阿联酋商场。

12. 迪拜君悦酒店
（ Grand Hyatt Dubai ）

📞 3171234

📠 3171235

🌐 dubai.grand@hyatt.com

特色：

①酒店靠近迪拜河高尔夫游艇俱乐部，建在拜尔迪拜（Bur Dubai）的郊区，附近有一家多功能电影院，不远处就是著名的瓦菲城（Wafi City）购物中心，并且距离主要商业区也非常近。另外酒店距迪拜国际机场也只有七公里。

②与迪拜保健城（Health Care City）地铁站相邻。

③14家餐厅和4个酒吧任您选择。

④室内浅水泳池、室外游泳池、设施齐全的健身中心、SPA、桑拿室、水疗按摩浴池、蒸汽浴室、按摩室、壁球场、网球场、美容沙龙、商店和婴儿看护服务。酒店为残障人士提供便利条件以适合入住。

迪拜君悦酒店

四星酒店 （区号：971-4）

1. 阿卡利宫酒店
（ Al Khaleej Palace Hotel ）

- 📧 2231000
- 🖨 2211293
- ✉ reservations@alkhaleejhotels.ae
- @ www.alkhaleejhotels.ae
- 🛏 90

特色：

①位于德以拉商业区，邻近迪拜商会，靠近海湾；

②诸多美食餐厅，包括Kisaku、Entrec te Café de Paris和City Café。

2. 阿曼兹尔酒店
（ Al Manzil Hotel ）

- 📧 4285888
- 🖨 4285999
- ✉ reservationsalmanzil@ southernsun.ae
- @ www.almanzilhotel.com
- 🛏 197

①位于迪拜塔，由一个市场连接；

②诸多美食餐厅，包括Mokaroma——51个席位时尚的国际咖啡座，可通往一个露台和Nezesaus——一个典型的配备大屏幕的体育和娱乐酒吧；

③拥有室外温控游泳池和灯光泳池，以及配备最先进设备的有氧健身中心；

④所有房间有一个大的豪华浴缸，独立淋浴间和一个单独的卫生间，风格独特的开放式浴室使得房间给人一种宽敞的感觉；

⑤这里有带阳台的客房，也有为残障客人准备的特别客房。

3. 城市中心酒店
（ City Centre Hotel ）

- 📧 2941222
- 🖨 2954444
- ✉ H2022@accor.com
- @ www.pullmanhotels.com
- 🛏 318

特色：

①位于迪拜湾高尔夫和游艇俱乐部的对面；

②与德以拉市中心购物商场相连；

③众多餐饮选择，包括 La Villa（欧式），La Cité（国际小酒馆）和 Churchill英式酒吧；

④屋顶游泳池，健身中心，网球和壁球场。

4. 迪拜万豪海港酒店
（ Dubai Marriot Harbour Hotel ）

- 📧 3194000
- 🖨 3194006
- ✉ ekresorts@emirates.com
- @ www.emirateshotelsresorts.com
- 🛏 261

特色：

①位于迪拜码头附近的Al Sufouh路上；

②三个优秀的主题餐厅：The Observatory，az.u.r 和

Counter Culture。位于52层的The Observatory主题餐馆拥有令人惊叹的地标建筑朱美拉棕榈岛和纯净的阿拉伯海岸线全景。

5. 迪拜福朋喜来登酒店
（Four Points by Sheraton Downtown Dubai）

📞 3543333

💲 3543111

📧 reservations.downtowndubai@fourpoints.com

@ www.fourpoints.com/downtowndubai

🛏 250

特色：

①位于 Mankhool 街，距迪拜国际机场、迪拜世贸中心和朱美拉海滩公园15分钟车程；

②诸多美食餐厅，如 Centro Citta，Eatery和Lobby Lounge；

③全国领先的健身房设施，配备最新的力健心血管训练器材及训练有素的健身教练等。

迪拜福朋喜来登酒店

6. 哈塔城堡酒店
（Hatta Fort Hotel）

📞 8099333

💲 8523561

📧 hfh@jaihotels.com

@ www.hattaforthotel.com

🛏 51

特色：

①距迪拜不到1小时车程，距阿曼边界10分钟车程，酒店拥有32公顷修剪整齐的花园和崎岖的山景；

②提供世界一流的餐饮和娱乐设施；

③提供体育和休闲活动和设施。

7. 迪拜假日酒店
（Holiday Inn Downtown Dubai）

📞 2288889

💲 2280033

📧 rsvn@hidubai.ae

@ www.holiday-inn.com

🛏 139

特色：

①位于德以拉地区Al Rigga路，距迪拜国际机场20分钟车程；

②高档餐厅，如 Bistro，Billabong 和 Byblos；

③健身房，桑拿，蒸汽室和一个室外游泳池。

8. 艾美航道酒店
（Le Meridien Fairway）

📞 6085000

💲 2823030

@ reservation.lmdubai@
lemeridien.com

@ www.lemeridien.com/fairway

🍴 58

特色：

①距迪拜国际机场15分钟车程，可以轻松到达德以拉城市中心，迪拜湾高尔夫和游艇俱乐部，Mamzar公园和黄金市场；

②设有室外游泳池，室内桑拿，健身室，四家餐厅和58间客房

9. 马可波罗酒店
（Marco Polo Hotel）

📞 2720000

📠 2720002

@ marcohot@emirates.net.ae

@ www.marcopolohotel.net

🍴 126

特色：

①位于德以拉地区 Al Muteena 街，拥有多功能厅，是举办会议、招待会和产品发布会的理想场所；

②高档餐厅，如El Rancho、Fox and Hounds、Bombay Brasserie、Manila Garden 和 The Explorer。

10. 诺富特世界贸易中心
（Novotel World Trade Centre）

📞 3320000

📠 3320001

@ H5261@accor.ae

@ www.novotel.com

🍴 412

特色：

①毗邻迪拜国际会议展览中心的中央大厅；

②商务中心和视像会议设施。

11. 迪拜华美达饭店
（Ramada Hotel Dubai）

📞 3519999

📠 3515021

@ resv1@ramadadxb.ae

@ www.ramadadubai.com

🍴 172

特色：

①于柏迪拜，紧靠银行和购物区；

②国际、中国、地中海和日本风味的餐厅；

③体育馆，游泳池，蒸汽和桑拿，美容美发，阳光露台；

④5个会议室，名字分别是郁金香、玫瑰、莲花、向日葵和茉莉花，可同时容纳10～180人。

华美达饭店

12. 喜来登德伊勒酒店
（Sheraton Deira Hotel）

📞 2688888

📠 2688876

📧 sheratondeira@sheraton.com

🌐 www.sheratondeiradubai.com

🛏 224

①位于德以拉的中心地带，距机场仅数分钟，方便到达购物中心、黄金市场、高尔夫俱乐部和迪拜世贸中心；

②酒店设施足以满足商务旅客的需要，拥有224套客房和套房，提供家一般的舒适；

③Al Masah 宴会厅是理想的举办大型活动、展览、晚宴和招待会的场所；

④面积750平方米，可以容纳1200名宾客的酒会和700人的正规剧院形式。

13. 香格里拉迪拜商务酒店
（Traders Hotel, Dubai By Shangri-La）

📞 2659888

📠 2659777

📧 reservarions.thbd@tradershotels.com

🌐 www.tradershotel.com

🛏 250

特色：

①距机场15分钟车程，紧靠德以拉商业中心；

②提供休闲自助式餐厅，包括新鲜的比萨饼和通心粉以及亚洲美食；

③健身俱乐部提供康乐设施，包括一个有全套心血管设备的24小时健身房；

④室内游泳池、水力按摩池、桑拿浴室和蒸汽室设施和包括香薰按摩的豪华按摩服务。

三星级酒店 （区号：971-4）

1. 海军上将广场酒店
（Admiral Plaza Hotel）

📞 3935333

📠 3935111

📧 admplaza@emirates.net.ae

🌐 www.admiralplazahotel.com

🛏 142

特色：

位于柏迪拜的 Al Nahda 街。

2. 阿勒卡利杰酒店
（Al Khaleej Hotel）

📞 2211144

📠 2237140

📧 khotel@alkhaleejhotels.com

🌐 www.alkhaleejhotels.com

🛏 103

特色：

位于德以拉Nasser广场，HSBC后面。

3. 国宾大酒店
（Ambass-ador Hotel）

📞 3939444

📠 3939193

📧 ambhotel@astamb.com

🌐 www.astamb.com

🛏 69

特色:

位于柏迪拜, Al Falah街,紧挨着Al Riffah警察局。

4. 克拉瑞奇酒店
(Claridge Hotel)

📞 2716666

📠 2722626

📮 reservation@mehgroupdxb.com

🌐 www.claridgehotel.ae

邻近德以拉,位于迪拜的中心地带,靠近Bastakiya和黄金市场。同时也靠近大清真寺和迪拜博物馆。

5. 宜必思艾巴莎酒店
(Ibis Al Barsha)

📞 3996699

📠 3996669

📮 h6540-re@accor.com

🌐 www.ibishotel.com

🍴 480

特色:

①离迪拜国际机场和Jebel Ali区25千米;

②离阿联酋购物中心、迪拜网络城、媒体城、Al Quoz地区3千米;

③离迪拜运动城、Burj Dubai和迪拜国际金融中心15千米。

6. 霍华德·约翰逊
(Howard Johnson Hotel)

📞 3939911

📠 3939977

📮 reservation@hojoburdubai.com

🌐 www.hojoburdubai.com

霍华德·约翰逊酒店

特色:

坐落在热闹的柏迪拜中心,距离迪拜国际机场15分钟,离知名的百货公司和休闲场的程也在分钟左右。酒店有123间品味独特、风格时尚的房间和套房。

7. 卡拉玛饭店 (Karama Hotel)

📞 3366607

📠 3341661

📮 reservation@karamahotel.ae

🌐 www.karamahotel.com

🍴 130

特色:

①坐落于Al Karama区,在阿卜杜哈商业银行的后面。

8. 棕榈海滩酒店
(Palm Beach Hotel)

📞 3931999

📠 3933111

📮 palmbhtl@emirates.net.ae

🍴 70

特色:

位于柏迪拜的Khalid Bin Al Waleed街。

⭐ 特色旅游推荐

来到迪拜的游客有许多不同的选择，为您推荐几个与众不同的项目。

1. 亚特兰蒂斯的Aquaventure或Wild Wadi水上乐园。

2. 沙漠越野中体验四轮摩托车、冲沙、彩绘、水烟和肚皮舞。

3. 看迪拜滑雪场被白雪覆盖的高山景观。

4. 海豚馆和KidZania都能让孩子们着迷。

5. 生态旅行者可以去迪拜首个国家公园——迪拜沙漠保护区，踏上一段激动人心的旅程。

6. 初来乍到的游客们可以为自己预定一条城市观光线路，品味城市的地标性建筑。

迪拜Wild Wadi水上乐园

迪拜滑雪场

迪拜滑雪场

沙漠越野比赛

阿联酋主要景点

1. 棕榈人工三岛

　　其中棕榈一岛名叫朱迈拉岛，棕榈二岛名叫杰贝勒·阿里岛，棕榈三岛的图纸已公布，面积相当于前两个岛的总和，名字叫代尔（Deira）岛，（详见 P 114 页介绍）。

小贴士：

1. 人工建造的旅游度假胜地——朱迈拉棕榈岛

朱迈拉棕榈岛由一个像棕榈树干形状的人工岛，17个棕榈树形状的小岛以及围绕它们的环形防波岛三部分组成，其主干长达5公里，是通往外围环形岛屿的通道。

2. "世界第八大奇迹"——迪拜人工棕榈岛

朱迈拉棕榈岛只是三个规划中的棕榈岛中最小的一个，这三个棕榈岛建成后，将成为人类建筑史上的奇迹，将是世界上最大的人工岛。这些在太空上都能看见的岛屿群，就其整个工程项目的规模而言堪称现代"世界第八大奇迹"。

3. 亚特兰蒂斯酒店（Atlantis）

坐落在棕榈一岛（Palm Jumeirah）即朱迈拉岛上的亚特兰蒂斯酒店，是您到了棕榈一岛后的必去之处。它坐落在状似棕榈树的人造岛屿上，所在位置是"树干"顶端，远远望去就像是海市蜃楼，美轮美奂。

4. 巨型水族缸

酒店的最大特色是大堂设有一个巨型水族缸，缸内有6.5万条鱼，包括魔鬼鱼及其他海洋生物，令人叹为观止。此外，还有一个海豚池，饲养了20多条从所罗门群岛进口的瓶鼻海豚。

🚩 火车：岛上有Palm Atlantis Monorail Station，可以乘坐火车直达棕榈岛。

地铁：乘坐Rashidiya2号线，在Dubai Internet City或Nakheel站下车，步行前往。

轮船：也可以乘船前往岛上。

2. 迪拜博物馆

迪拜博物馆是由法海迪（Al Fahidi Fort）城堡改建而成。这座城堡历史悠久，始建于1799年，曾经是守护迪拜的军事要塞，也曾作为酋长宫、守军驻地、监狱和弹药库，是迪拜最古老的建筑物，(详见P92介绍)。

小贴士

1. 看迪拜发展史请到迪拜博物馆。在这里可以看到迪拜是如何从一个沙漠小城发展到今天的半个世纪的历史。

2. 到迪拜博物馆看"古董"。迪拜博物馆所陈列的古董，有旧时阿拉伯人的乐器，生活用品、采集加工珍珠的工具，还有在4000年前古墓中发掘出的精美的铜器、石膏制品和陶器。

3. 到迪拜博物馆看阿拉伯人的航海生活。博物馆里陈列了海洋生物以及当年阿拉伯人在水下采集珍珠的活动的图片，有塑像，有阿拉伯珍珠商人曾经使用过的确定珍珠重量和大小的称和尺子，以及其他实物。

📧 971-4-3531862

🕐 （平日）周四至周六8:30—20:30；周五14:30—20:30

（斋月）周四至周六9:00—17:00；周五14:00—17:00

公共假期正常开放

🎫 成人：3迪拉姆　　儿童：1迪拉姆

🚌 乘坐C7，在Fahidi站下车，步行约500多米即可到达。

迪拜博物馆

3. 阿拉伯塔饭店（帆船酒店）

在波斯湾的涛声里，有一艘昂首挺立的帆船，那就是世界闻名的阿拉伯塔饭店，也被人们称之为"帆船酒店"，迪拜的奢华从这里开始，（详见 P 95介绍）。

小贴士

1. 阿拉伯塔饭店是一座建在离陆地280米远的人工岛上的超豪华酒店，号称七星级饭店。酒店的外形像一个扬起的风帆，高耸于阿拉伯海湾，仅从外观上就可以感受到她是多么的婀娜多姿。

2. 豪华的套房，全部是落地玻璃窗，凭窗而望无际的阿拉伯海，仿佛置身于海洋的世界。

3. 阿拉伯塔饭店内部的装饰装潢极尽奢华，触目皆金，房间内用品均为世界顶级奢侈品牌制造。

4. 阿拉伯塔饭店内设有世界上独一无二的海底餐厅，在这里用餐要动用潜水艇接送。从酒店大堂出发直达至此虽然航程仅短短3分钟，可是却把你带进了一个神奇的海底世界，让你感觉到神秘与新奇，惊讶中给你带来无尽的遐想。餐厅内建有大型室内海底世界，客人可一边用餐，一边观看各种鱼类畅游海底。

5. 阿拉伯塔饭店的空中餐厅。与海底餐厅相比空中餐厅又是一道靓丽的风景，它位于饭店的最顶层，空中餐厅的设计以蓝绿为主色调，柔和的灯光，海浪波纹的设计图案，让你放佛置身于无边无际的苍穹之中，让你觉得好像月球就在你的身边，在这里可以俯瞰迪拜全城的风光。

☎ 971-4-3017777

🕐 全天（具体时间不详）

🏛 迪拜酋长国的迪拜市卓美亚海滩大道

✈ 建议最好选择出租车。

阿拉伯塔饭店

4. 迷人的迪拜海汊夜景

其实讲迪拜海汊就是在讲迪拜河，在讲迪拜是被一条15千米长的由阿拉伯湾海水自然冲出的海汊子分成了两半，也可能这就是大自然的鬼斧神工。这个自然景观给迪拜增添了不少魅力，（详见P 99介绍）。

> **小贴士**
>
> 游览迪拜河的理由：
>
> 1. 迪拜河是能让你感受到迪拜脉搏的地方，迪拜河把这个城市分成两部分，一边是新城区拜尔迪拜（Bur Dubai），一边是象征着迪拜历史的旧城区代尔迪拜(Deira Dubai)。在迪拜河上游览，你可以体会到迪拜的古老与现代。
>
> 2. 游览迪拜河，你可以看到一边是新城区的现代与繁荣，玻璃幕墙闪闪生光，拔地而起的高楼大厦鳞次栉比，就像朝气蓬勃的少年；河的另一边的老城区却好像走进另一时代，另一个地方。除传统的风塔（如今保留极少）之外，还能看到一些清真寺的圆屋顶和尖塔，就像一个进入了梦乡的老人，显得那样安详。这里是典型的中东特色，无论是沙滩、珊瑚礁，还是随处可见的白色建筑。

迪拜海汊夜景

5. 世界第一高楼——迪拜哈利法塔

2010年1月4日，在全球400多名媒体记者和20亿观众的关注下，世界最高塔——迪拜哈利法塔正式竣工，（详见P 106介绍）。

小贴士

1. 迪拜哈利法塔高达828米。

2. 建筑设计新颖独特。建筑设计采用了一种具有挑战性的单式结构，由连为一体的管状多塔组成，具有太空时代风格的外形。基座周围六瓣沙漠之花的几何图形设计，富有伊斯兰的建筑风格。

3. 直升观光电梯的速度惊人，速度最高达每秒17.4米。

4. 塔脚下的迪拜喷泉也以275米的高度和独特的造型吸引了世人目光，这是当今世界的又一大建筑奇迹。

📞 971-4-8888124

🕐 周日至周三　9:00-24:00
　　周四　8:30-24:00
　　周五至周六　4:30-24:00

🎫 成人（13岁以上）：正常预约100迪拉姆，现场买票210迪拉姆
　　儿童（4—12岁）：正常预约75迪拉姆，现场买票210迪拉姆
　　婴儿（0—3岁）：免费

🚇 地铁。可乘坐地铁在Burj Khalifa 站下车。
　　专线巴士。从黄金市场发车途径迪拜购物中心到达，每十五分钟一班。

@ https://tickets.atthetop.ae/eticketing/homepage.aspx

6. 迪拜朱迈拉清真寺

迪拜朱迈拉清真寺(Jumeirah Mosque)是迪拜最大最美的清真寺之一，始建于1975年，1978年竣工。它不仅是迪拜最重要的伊斯兰教祈祷场所，而且也是当地的著名地理标志之一，（详见P112介绍）。

小贴士

1. 朱迈拉清真寺是迪拜城最美丽的清真寺。

2. 一般来讲阿联酋的清真寺是不允许非穆斯林信徒进入的。但朱迈拉清真寺是一个允许非穆斯林进入的清真寺。如果您到了迪拜，可不要放过这个机会，但参观要有SMCCU的带领。（SMCCU是Sheikh Mohammed Centre for Cultural Understanding的简称）。

3. 朱迈拉清真寺的建筑为中世纪法蒂玛王朝时期的传统建筑风格，堪称现代伊斯兰建筑的辉煌典范。当夜幕降临时，柔和的灯光将其精美的双塔和庄严的圆顶勾勒出尤为动人的画面，值得游览观光。

🕐 对穆斯林全天开放

　　旅游团每周二、四、六、日　10：00-11：15

🎫 进寺参观免费，英文讲解10迪拉姆

迪拜朱迈拉清真寺

7. 迪拜室内滑雪场

迪拜室内滑雪场（Ski Dubai）位于阿联酋购物中心内（Mall of the Emirates），与七星级帆船酒店和阿拉伯塔遥遥相望，总面积22500平方米，用雪量达6000多吨，（详见P 117介绍）。

> **小贴士：**
>
> 1. 迪拜室内滑雪场号称是世界最大的室内滑雪场，也是中东首家室内滑雪场，还是世界第3大室内滑雪场。
>
> 2. 迪拜室内滑雪场是一座独特的雪山主题公园，全年覆盖真实的皑皑白雪，让您在炎热的沙漠国家里一年四季享受雪中乐趣。
>
> 3. 这里拥有5条在难度、高度和坡度上变化多端的滑雪道。其中最长的一条滑雪道有400米长，垂直落差达60米。无论男女老少，无论是初学者还是滑雪健将，都可以在这里找到属于自己的快乐。
>
> 4. 面积之大可同时容纳1500人滑雪。
>
> 收费标准：成人两小时大概180迪拉姆，折合人民币350元左右；成人全天300迪拉姆，折合人民币大概600元左右。

8. 卡延塔

卡延塔坐落于迪拜海滨区，这座摩天大厦总高310米、共73层，它外观新颖别致，最大特点是楼体实现了90度扭曲旋转，堪称全世界"最高最拧巴"的大厦。

小贴士

1. 卡延塔位置优越，它位于迪拜码头，可以饱览人工运河和波斯湾风光。
2. 卡延塔是迪拜目前最高的公寓楼，它已经成为了迪拜地平线上崛起的一座新地标。大厦底层有一座购物中心，有会议室、网球场、游泳池、健身房、水疗中心、幼儿园。
3. 卡延塔是高档公寓住宅，免费参观外景独特的建筑。

卡延塔

卡延塔

迪拜世界贸易中心

9. 迪拜世界贸易中心

迪拜世界贸易中心是中东地区最重要的贸易展览中心，由主楼、国际会议中心和国际展览中心三部分建筑组成，面积31955平方米。七个主题展馆的内部设有一流国际展览中心标准设施，美观气派。阿联酋所有国际级别的重要展览基本都在这里举办。

小贴士

1. **尖端的建筑艺术**

作为迪拜第一座摩天大楼，虽然现今这座大楼已经埋没在它周围众多新的高层建筑中，但它仍是迪拜的国际贸易和商务中心，二十多年以来众多国际性的重要会议都是在这里举行。

2. **中东最先进的展馆**

迪拜国际展览中心是中东最先进的展览场所，拥有堪称世界最新技术的设施和优良的服务。

3. **世界贸易的窗口**

世界展览中心的展会不仅为客商提供了一个窗口，并且是商贸人士进入中东乃至世界市场的平台。通过在这里举办的展览和会议，更加突出了迪拜作为商业和文化交汇点的地位。

971-4-3321000

谢赫扎耶德路

187

10. 巴斯塔基亚老城

巴斯塔基亚老城(Bastakiya Old Town)是建造于20世纪初期、坐落在柏迪拜的老居民区。政府已经把老城区修复，将当年在这里居住的富商生活场景再现给参观者，让人们置身其中有种莫名的时空穿梭感。看着前人留下的建筑，你会不禁感叹他们当年在物质极度匮乏的条件下是用怎样的智慧和毅力，在茫茫沙漠中用沙石建造出如此精美而坚固的房舍。

小贴士

1. 狭小的空间。这一地区非常窄小，但是却值得花费一些时间在它那蜿蜒曲折的狭窄街道感受一下。你会领略到老城中的传统风格的院落与它周围现代化的高楼大厦所形成的鲜明对比。

2. 迷人的特征。这地区的一个最迷人的特征是在老房屋的屋顶上带有一个风塔，风塔不但外表引人注目，而且还真是具有"空调"一样的功能，可以将凉风送入室内。在重新修整后的巴斯塔基亚老城中的一些老房子被用于做餐厅、咖啡厅和画廊。

🎫 免费参观

🧭 巴斯塔基亚老城艾阿法迪街 (Al Fahidi Street)

巴斯塔基亚老城

巴斯塔基亚老城风塔

风塔内部

11. 酋长国宫酒店

阿联酋的自然旅游资源并不多，但阿联酋人用石油开创了一种旅游方式，这就是——领略奢华。阿布扎比的酋长国宫酒店（Emirates Palace)因其豪华的装修、奢侈的服务被誉为"八星级酒店"，它是阿联酋奢华的代表之一，（详见P128介绍）。

> **小贴士**
>
> 1. 酒店奢华极致。耗资达30亿美元，先进的建筑材料，无以伦比的装潢设计，堪称世界上最豪华，最昂贵的酒店。以至于被人们称之为"八星"级酒店
>
> 2. 环境优雅无比。酋长国宫酒店位于阿布扎比海滩，北面和西面临海，拥有1300多米长的黄金海岸线。
>
> 3. 建筑风格独特。酋长国宫酒店是一座古典式的阿拉伯皇宫式建筑，具有很浓的民族色彩。由著名的英国设计师约翰·艾利奥特设计。他的设计基调庄重大方、富有浓郁的阿拉伯民族风格。
>
> 4. 雍容华贵气度不凡。气度不凡的宴会厅、令人惊叹的剧院式礼堂、酒店大堂点缀着的1002盏特别定制的施华洛世奇水晶吊灯、进口的高级大理石等。
>
> 5. 细致体贴的服务。夜幕降临的时候，酒店服务人员会在床单上放上一小袋薰衣草，香气将浸满卧室，然后他们会将薰衣草放在枕头下面，这样客人就能在芳香中安然入睡。沐浴前，服务生会给你递上一张单子，上面有7种沐浴方式供您选择。

法拉利主题公园

12. 法拉利主题公园

法拉利主题公园

阿布扎比法拉利主题公园占地20万平方米，从空中俯瞰，硕大的红色屋顶，像一个巨大的海星又像外星飞碟，顶棚上面印有硕大的法拉利LOGO，是首个以"法拉利"命名的主题公园——"法拉利世界"。2010年10月27日在阿联酋的阿布扎比亚斯码头赛道旁正式开园。喜欢玩赛车的朋友可以到这里来享受激情与挑战。

小贴士

1. 车迷将有机会感受世界上最快的翻滚列车。最高行进时速达到149英里。

2. 搭乘外观酷似法拉利F1赛车的座椅，在长达2000米的距离上感受将近2G的重力加速度。在此过程中，赛车将在不到五秒钟时间里被助推升高到52米，然后以70度的弯角被送回轨道的起始端。翻滚列车旁，高达62米的弹射机，同样可以让游客在升空过程中体验一位F1车手才能经历的失重感觉。

3. 主题公园还拥有世界上最大的法拉利经典赛车和现代赛车展馆。

13. 首都门——最斜的人造塔

　　首都门（Capital Gate）占地5万多平方米，是阿联酋首都阿布扎比的一座最为醒目的建筑。它已经被吉尼斯纪录认定为世界上倾斜度最大的斜塔，已经成为阿布扎比的地标和旅游景点之一，（详见P125介绍）。

小贴士

1. 世界建筑史上的杰作

从建筑倾斜的外观就不难想象设计者因何为这座斜塔密布了490个地桩，桩的深度达到地面以下30米处。

"首都门"的表面镶嵌着近千块菱形玻璃，由于外立面的倾斜角度不同，每一块玻璃的弯曲程度都不一样，在光的作用下玻璃闪闪发光，从远处望去，就像一座玻璃幕墙。

2. 斜度超越比萨斜塔

斜塔共有35层，从地面至12楼都是垂直的，从12楼以上逐渐向西倾斜，倾斜度达18度，"首都门"因此成为世界上倾斜度最高的大厦，比意大利的比萨斜塔要斜几倍。

首都门

阿布扎比滨海大道

14. 阿布扎比滨海大道

　　阿布扎比有条著名的海滨大道——阿布扎比滨海大道，该大道长10多千米，大道旁不仅有高大的桉树、椰枣树和灌木树丛，还修建了各具风格的小花园、绿草地和喷水池，与大道边的湛蓝大海融为一体，美轮美奂。走在这里仿佛走进了绿色的世界，花的海洋。每天早晨或是傍晚，都有人在这里跑步锻炼和散步聊天。在节假日里，滨海大道更成了人们的好去处。一家人或亲朋好友围坐在草地上，或唱歌跳舞，玩闹戏耍，或掏出带来的食品美餐一顿，真是别有一番情趣。天水相连，人在其中的场景，从远处望去就像一幅天然的画卷，（详见P122介绍）。

> **小贴士**
>
> 推荐您来滨海大道，除了滨海大道本身的魅力以外，更主要的是这里是眺望阿布扎比海水的最佳地方。阿布扎比的海水与别处的海水确实不同，在临近海堤处，呈现出别致的绿色，要依次再往深海处，才会出现深绿、浅蓝到湛蓝色的大海。海水清亮得连海滩下的海藻和石头都清晰可见。在阿布扎比滨河大道的海边欣赏这渐变色的海洋，已经成为了来阿布扎比旅游人们心中独特的记忆。
>
> 特别提示：这里不收取门票

15. 谢赫扎耶德清真寺

　　谢赫扎耶德清真寺位于阿联酋的首都——阿布扎比，2007年竣工，是中东最大的清真寺。它还是阿联酋唯一一座对外开放的清真寺，是世界上继麦加和麦地那之后的第三大清真寺。该清真寺是目前规模位列世界第三的伊斯兰建筑的杰作，（详见P125介绍）。

> **小贴士**
>
> 1. 收藏有世界最大的波斯地毯。主殿内的地毯被誉为全世界最大的地毯，面积为5627平方米，重达47吨，由一千多名伊朗工人现场手工织成，最令人惊叹的是将近6000平方米的地毯上居然没有一处缝痕。
>
> 2. 整个建筑都是用来自希腊的汉白玉镶嵌，白得耀眼，内部装饰金碧辉煌，廊柱上仅黄金就用去了几十吨。
>
> 3. 寺内的各种吊灯把谢赫扎耶德清真寺点缀的熠熠生辉，最大的一个水晶吊灯直径10米，高15米，重10吨。
>
> 4. 谢赫扎耶德清真寺占地26000多平方米，可同时容纳4万人做礼拜。
>
> 5. 谢赫扎耶德清真寺有4个高耸入云的宣礼尖塔和82个圆形拱顶，共1096个房间。方圆22公里的地方都可以听到清真寺响亮的宣礼声。
>
> 6. 谢赫扎耶德清真寺在2007年斋月开始向游客开放。现在这里已成为了阿联酋旅游胜地之一，每日慕名前来的参观者络绎不绝，非穆斯林也可以进入参观。

　📧 971—2—4181308

　🎫 免费

　🕐 平日8:00—17:00，（周五除外）；周末9:00—11:00

　✈ Al Maqtaa,Abu Dhabi,United Arab Emirates

特别提示：进入寺内的游客，不分男女老少，都需脱鞋；女游客需换上寺方提供的伊斯兰传统黑袍和头巾，小女孩也需要把头包起来。

16. 阿布扎比红树林

在阿布扎比市的滨海大道旁的海面上，生长着一大片茂盛的树林，那便是阿布扎比著名的天然红树林。这是世界上最大的天然红树林区之一。站在滨海大道上极目眺望这片红树林就好似海中升起的海市蜃楼，让人产生冲动和遐想，恨不得变成一只小鸟，投入她的怀抱。

阿布扎比红树林

阿布扎比红树林

小贴士

1. 红树植物根系有"特异功能"，它的根系分为支柱根、板状根和呼吸根，具有能从沼泽性盐渍土中吸取水份及养料的天性。

2. 红树支柱根的形状就像一个三角形，根植力很强，所以唯有红树林能抗风防浪，阿布扎比成片的红树林组成了独特的红树林海岸。

3. 红树有呼吸根，在土壤极为缺氧气时，红树植物的呼吸根就成了海水天然过滤器。枝繁叶茂的红树林，引来了许多鸟类以及生物，成为了它们的栖息地，林与鸟自然和谐，在海岸形成了一道天然的绿色屏风，是阿布扎比市一道独特的风景线。

4. 红树的树叶并不是红色而是绿色的，只因其树皮及木材呈红褐色，才被称为红树。

17. 阿治曼海滩

阿治曼酋长国是阿拉伯联合酋长国最穷的成员国。也可能是由于他的不发达，所以显得更加宁静。在阿治曼（Ajman）以北的地区，有一处海滩就是阿治曼海滩，它保留了原始的海滨风光，宽广而静谧，与高楼鳞次栉比的迪拜形成了鲜明的对比，来阿治曼海滩享受那难得的一份悠闲、安静，伸展一下自己奔波劳累的身躯也是一种难得的享受，更别有一番风味。

温馨提示：免费旅游参观，不收取门票。

阿治曼海滩

沙迦考古博物馆

18. 考古博物馆

考古博物馆内部

　　沙迦考古博物馆是存储在沙迦酋长国内发现的所有考古资料的永久档案。沙迦博物馆别具一格，其展览种类丰富，几乎囊括了从古老的沙迦王朝到伊斯兰教成立时期发现的古代文物。博物馆采用了现代计算机智能化管理手段，可让游客轻松方便地了解远古珍品。

旅游资讯 地图导览

小贴士

主要看点：古代珠宝、硬币、陶器、工具、武器、手工制品

　成人票价5迪拉姆，家庭票价10迪拉姆，儿童免费。多家博物馆通票，成人票价15迪拉姆，家庭票价20迪拉姆。

　每天9:00—13:00、17:00—20:00；周五17:00—20:00；周日闭馆。

19. 文化中心广场（古兰经纪念碑广场）

　　沙迦市中心的文化广场又称古兰经纪念碑广场。该广场的街心花园中耸立着一尊雕塑，这是一本翻开的古兰经书的雕塑，巨大的书连同塔身便是古兰经纪念碑，广场也因古兰经雕塑而闻名。

　　据传，这是为了纪念阿联酋7个酋长国当年建国时签署联合协议而建造的一个纪念建筑物。纪念碑后方那个白色的建筑，是酋长办公室，左边是皇家清真寺，右边是文化宫，另一边是大会堂。

　🌸 免费
　☀ 沙迦的文化中心广场

文化中心广场（古兰经纪念碑广场）

不容错过的体验

在迪拜游玩可以乘坐直升飞机、降落伞、或潜至深海；在湖中捉蟹或在沙漠中冲沙；摆脱城市紧张的生活，拥抱宁静与自然，进行休闲轻松的活动，如帆船和骆驼比赛。还有其他一些健身活动，像瑜伽和骑自行车。以下进行简要介绍。

漂流在红色沙丘

1. 沙漠探险

沙漠探险是到迪拜的必玩项目。进军沙漠的项目包括传统的哈塔古村游、骑骆驼、肚皮舞、指甲画和一些刺激的活动，如沙漠驾驶、乘坐热气球、猎鹰和滑沙等。

沙漠摩托

一些旅游运营商推出了探访迪拜城外的贝都因村之旅。出生和成长在沙漠中的贝都因人大方又好客。他们来自沙漠，因此被许多人误认为是不友好和野蛮的民族。虽然他们的土地上没有郁郁葱葱的绿树，只有沙子和稀疏的植被，但贝都因人已经适应严酷的沙漠环境和恶劣的气候。贝都因村之旅可以让游客对旧日的沙漠生活方式有深入的了解。

骑骆驼

2. 骑骆驼

沙漠中的旅游项目通常要依靠骑驯化的骆驼来完成，他们可靠地被称为"沙漠之舟"。愿意

骑骆驼

花更多时间骑骆驼的游客，可以要求旅游社或酒店提供定制的旅行套餐，使他们能够从容地在骆驼背上探索被风吹拂的沙漠。

3. 沙丘驾驶

沙漠是一个理想的冒险活动地。如果您认为一般的沙丘颠簸太过平淡，那么来参加沙丘驾驶吧。旅游社提供培训、安全设备和经验丰富指导员的套餐服务。

沙漠旅行

4. 猎鹰

当您在观看猎鹰在空中优雅而充满力量地盘旋时，您一定会为之着迷。猎鹰在阿联酋的历史可追溯到公元前13世纪，是沙漠生活的组成部分。如今，猎鹰只作为一种娱乐活动，一些沙漠旅游运营商会安排一些猎鹰表演。

穿着传统服饰在猎鹰

5. 滑沙

滑沙是另一种高能量的活动，深受游人喜爱。这项活动可作为全日或半日沙漠游的一部分。在连绵的沙丘中用滑雪板进行滑沙是一项新奇而刺激的运动体验。您可以要求旅游运营商为您安排半天或一天的这项高能量消耗的运动。

7. 烧烤晚餐

丰富晚餐

体验滑沙

当日落沙丘时，旅客们被带到一个传统的贝都因人帐篷里，那里有现煮的咖啡、阿拉伯糖果和蜜饯枣子等特色食物的享用。夜晚来临后，帐篷里还会有肚皮舞表演，篝火烤制的Kebab、鸡肉和羊肉等充满了令人垂涎的美食。

6. Wadi驾驶

Wadi驾驶是游客在迪拜期间可能参与的最勇敢的活动之一。该项运动是驾驶四轮驱动越野车在干涸河床的岩石上前行，尝试它最好的方式是由富有经验的司机陪同驾驶。伴随着令人振奋的颠簸，游客可以欣赏沿途绝美的沙漠景观。

Wadi驾驶

烧烤晚餐

快艇

8. 水上乐趣

（1）帆伞运动，帆伞项目是由一个大马力的快艇拖着一个降落伞全速前行，将降落伞拉至空中，游客便由降落伞带着在空中飞翔，整个过程惊险刺激还可以俯瞰迪拜海岸线美丽的景观。

（2）帆船，迪拜海岸线上稳定的风速最适合初学者驾驶帆船，迪拜的许多酒店和帆船中心都可以以合理的价钱租借到帆船设备，包括橡皮筏和龙骨船。

（3）浮浅，热爱自然的人们应该在迪拜水域至少花一天时间潜水，不要错过探索海湾水域美景的机会。

（4）快艇，想在海湾体验高速刺激感觉的游客可以选择快艇项目。很多旅游公司都提供全额投保的、并配备了必要安全设备的船只。

（5）水上滑板，这是一个结合了水上帆板、滑雪和冲浪技巧的令人激动的运动，在迪拜受到广泛欢迎。过程就像跳伞一样，骑手被一个快艇拉着，经验丰富的骑手可以在空中做出很多跳跃、翻转技巧动作，等等。

（6）风力冲浪，迪拜整年稳定的风速和阳光明媚的气候，是风力冲浪的理想目的地。不少海滨酒店和度假村都有冲浪板出租，对初学者和老手都有不同尺寸的冲浪板和帆提供。

冲浪

运动场地

　　迪拜也被称作中东地区的"体育之都"，每年都举办数不清的国际体育赛事，如迪拜世界杯——世界上最富有的马赛、迪拜七人橄榄球赛、迪拜网球锦标赛、迪拜沙漠精英赛和国际摩托艇锦标赛等。这里有世界一流的设施，诸多的活动使迪拜赢得盛名。

1. 高尔夫

迪拜拥有许多世界上最好的高尔夫球场，被高尔夫国际旅游运营商协会评为2009年度非洲、印度洋和海湾国家最佳高尔夫胜地。许多锦标赛球场均由体育传奇人物设计，包括Greg Norman、Sergio Garcia、Vijay Singh 和 Pete Dye。顶级的高尔夫场有：迪拜高尔夫俱乐部、迪拜河高尔夫和游艇俱乐部，Arabian Ranches、Jumeirah Golf Estates、The Address Montgomerie、Ernie Els Club 和 Al Badia俱乐部。

"Creek" 高尔夫俱乐部

2. 射击和射箭

杰贝阿里国际射击俱乐部距市中心约35分钟车程，室内和室外射击场均以严格的国际安全标准建造而成，俱乐部室外有7个符合奥运标准的双向飞碟射击和飞靶射击的红土射击场。

3. 网球

迪拜常年阳光灿烂，网球是最受欢迎的运动项目，尤其是在寒冷的冬季。迪拜免税店每年会组织球星云集的迪拜Duty Free锦标赛。

4. 保龄球

游客可以到最先进的迪拜国际保龄球中心（DIBC）活动，这里有采用了36线合成布伦瑞克赛道，自2001年开业以后，吸引了众多来自全球和海湾国家的保龄球爱好者。

保龄球迷也可以选择位于六国商城购物中心内新建的Switch保龄、台球馆，位于Al Nasr Leisureland的Thunder Bowl保龄球馆和位于阿联酋购物中心的魔幻星球球馆。后者不但提供10杆保龄球，而且还有好玩的宇宙0瓶保龄。

5. 滑冰

如果想学滑冰、提高滑冰技巧、玩冰上曲棍球或是想和朋友在最凉爽的地方欢聚一刻，不妨考虑迪拜购物中心的迪拜溜冰场、Al Nasr Leisureland或 the Hyatt Regency Galleria。这三个地方都提供溜冰鞋和教练。

迪拜溜冰场

6. 室内攀岩

想要不离开舒适的城市就能挑战自己的肌肉和毅力的游客，可以到位于Sheikh Zayed路上DIHA俱乐部内的The Wall攀岩馆。位于Wafi City的Pharaohs俱乐部也为有经验的登山者和初学者提供了一个公共攀岩场所，位于Mirdif城市购物中心的魔幻星球也有一个攀岩道和空中缆车。

7. 室内滑雪

坐落在阿联酋购物中心的迪拜滑雪场是区域内唯一一家室内滑雪场。共有5条难度不同的滑道，适合从初学到专业滑雪者。最长的一条长达400米，有60米的落差。3000平方米的雪上公园也为滑雪板爱好者提供一显身手的舞台。

8. 室内跳伞

坐落于Mirdif城市中心的iFLY，创新性的垂直风道可以让您不离开地面就可以体验跳伞的所有刺激。

9. 赛骆驼

阿联酋共有15个赛骆驼场

赛骆驼

地。比赛一般在冬季举行，最有名的场地是Nad Al Sheba赛场，在比赛季节，赛场周围充满了热闹的气氛。

10. 赛车和卡丁车

赛车比赛

迪拜赛车场是世界最具挑战性的赛车场之一，5.39千米长的赛道结合了高速直道和技术弯道。这块场地是巨大的迪拜乐园赛车城发展联盟的一部分。赛车场包含6个不同配置的赛道，其中3条赛道可以同时安全独立工作，使赛车手呈现出无与伦比的竞技状态。

11. 赛马

赛马是当地传统的一个重要组成部分，在阿联酋马术中心（EEC）、Jebel Ali马术俱乐部、Mushrif马术俱乐部和Joumana俱乐部，定期举办赛马运动。Jebel Ali高尔夫度假村和水疗中心也有骑马场所。

EEC是最有名的赛马场地，得到英国马会批准，并配有训练有素的教练。

☆ 购物与娱乐

迪拜是一个购物的天堂，世界一流商场应有尽有，从国际知名品牌到精湛的珠宝首饰和时髦的小玩意儿，应有尽有。多数购物商场以标准价格出售商品，全年都有打折的活动，随时让顾客们买得尽兴。迪拜购物节，迪拜夏日惊喜和迪拜开斋节每年都吸引世界各地的游客到访，使这些节日演变成文化旅游活动。

游客购物从降落在迪拜国际机场那一刻就已经开始了，迪拜机场免税店是世界顶级旅游零售店，那里可以买到各类名牌香水、巧克力、椰枣、化妆品和最新科技产品。

市内的商场不仅可以购物，也成为一种小型休闲场所，可感受各种独特的生活方式和娱乐体验。各类大卖场和百货公司在迪拜四处可见。

迪拜的传统市场保留了昔日的魅力，有手织地毯、羊毛披肩、银饰品、纪念品和其他纪念品等各类阿拉伯商品。无论他们的喜好和预算如何，游客均可以在迪拜感受到全新的购物体验。迪拜的各类商场除了提供无以伦比的购物体验外，这些商场已成为了城市的休闲场所。在这里，您可以与朋友聚会，喝茶、看电影、玩游戏、看橱窗、甚至享用精美餐饮。以下是部分迪拜顶级的购物点。

琳琅满目的商品

1. 迪拜购物节

迪拜购物节于1996年以促进贸易为目的而正式推出，每年的1月—2月举行。这个为期一个月的零售业盛事是迪拜购物节中最重要的项目。2300多家商铺加入打折队伍，黄金、香水、高级时装、汽车、电子产品、手工艺品和纺织品等都参与其中。地球村在迪拜购物节期间为宣传世界不同文化，还会在各展馆中举办多姿多彩的表演和游行等节目。

2. 迪拜夏日惊喜活动

6月—7月期间举办的迪拜夏日惊喜活动正与学生暑假假期相重叠因此活动的重点也放在了给孩子们带来更多的乐趣、知识和笑声。节日的著名吉祥物——带着灿烂微笑的Modhesh随处可见。另外，在迪拜的夏日惊喜活动期间，迪拜机场展览中心还会

举办Modhesh世界，给各个不同年龄段的人们提供了巨大的室内游乐场和娱乐中心，提供竞技、乘骑、教育活动、舞台表演、热情帐篷和多口味美食广场，其间各类减价促销活动也非常丰富。

3. 迪拜开斋节购物

迪拜开斋节是一个由社会倡议的节日，旨在恢复真正的伊斯兰价值观和庆祝开斋节的阿联酋传统。每年，在开斋节期间都会举行各种活动，包括现场表演、嘉年华、烟花表演和全城惊人的特价销售。节日的亮点是在机场的Expo，有各类乘骑活动、技巧游戏、赎回游戏、轻松娱乐区和一个PlayStation区域。2011年节日引进了Shoppiesta，一个连续5天的消费者生活方式展。

4. 平民购物

如果您不喜欢大商场里的购

物环境，迪拜也有可供讨价还价的购物区。在Karama区购买品牌钱包、手表都可与卖家讨价还价，或是在理想的价格范围内买到羊绒、水烟管、阿拉伯乐器以及其他饰物。

每逢周末，Karama的海鲜市场摆满了各类新鲜鱼类，大虾、鱿鱼、蟹、鲑鱼片、贝类、石斑鱼和红笛鲷等。这里还出售新鲜的农产品，如西红柿、哈密瓜、橙子和各季节水果。

如果您想度身定做服装，那一定不要错过Satwa的裁缝们。他们可以以极低的价钱为您制作杂志上的任意一款服饰。还可以在Diyafah成排的店面里选购布料，在alfresco的咖啡馆或餐馆中享用世界美食，结束一天。

位于布尔迪拜的Meena集市是一个怀旧的高档印度市场。这里的布料颜色、花色种类繁多，成衣、黄金珠宝、钻石和仿制品的店铺云集。第一次来的游客可能会在这里转的失去方向，但是友善的工作人员总能向您伸出援助之手。

5. 跳蚤市场

针对节俭的购物者，迪拜还常年设立许多跳蚤市场和手工艺市场，Safa公园是迪拜最大也是最好的跳蚤市场。卖主在公园的绿荫下面摆摊，出售从小古玩、手工艺品、二手货和从衣服到玩具等任何家用物品，可以登录www.dubai-fleamarket.com了解跳蚤市场的开放详情。

鱼市场

6. 购物中心

（1）迪拜购物中心
（Dubai Mall）

迪拜购物中心是世界最大的购物娱乐场所之一，也是迪拜零售业、酒店业，以及休闲娱乐的中心。迪拜购物中心的规模惊人，它包括1200 家零售店、150多家餐饮设施、一座五星级酒店和数不胜数的休闲店铺。迪拜购物中心是时尚品牌的最大聚集地，其 44 万平方英尺的时装大道堪称一大亮点。这个购物中心里还设有一座室内主题公园、一个溜冰场、迪拜水族馆和水下动物园，超过33000 种水生动物在此栖息，包括400条鲨鱼和鳐鱼，可以通过270°角的亚克力隧道近距离接触。

在商场还可以观看迷人的光、水和音乐相融合的迪拜喷泉。运动爱好者可以在等同于奥林匹克赛场大小的迪拜溜冰场滑冰、电影爱好者可以去拥有22屏幕的Reel影院观看电影，还有一个屡次获奖的KidZania儿童教育主题公园。

除此之外，还有不能错过的全球最大的室内黄金市场。

🕙 周六至周五 10:00 —24:00

🚇 迪拜塔

世界最大的水族馆

迪拜购物中心的室内溜冰场

迪拜购物中心

阿联酋购物中心

（2）阿联酋购物中心
（Mall of the Emirates）

该商场连续两年获得"最佳商场"奖，商场内有超过500家国际品牌、时装零售、生活用品、体育用品、电子消费产品和家具店；有各类旗舰店，如Louis Vuitton、Paul Smith和Diane von Furstenberg等；有多种餐饮选择，从快餐到精美膳食、咖啡到各类小吃甜品；有85家餐馆供您选择；还有中东第一家室内滑雪场、电影院、魔幻星球，以及艺术画廊。时尚的圆顶建筑外形让人产生遐想，到这里来的人们许多并不是专门为购物，而是来这里放松和享受休闲时光。在这里停车也是一件令人难忘的事儿，6000个车位，每一个都有着编有色码的过道，当车位已满的时候会有电子屏幕提醒。

📞 971-4-3414747/4099000

😊 周日至周三10:00—22:00，周四至周六10:00—24:00

📍 位于迪拜东部，Al Barsha地区，阿尔巴沙区谢赫扎耶德路4号交叉路口。

🌐 www.malloftheemirates.com

阿联酋购物中心

（3）机场免税店
（Dubai Duty Fee）

迪拜免税店位于迪拜国际机场内，从建成到现在它屡获殊荣，销售额之大在全世界名列前茅，销售产品多达65000种，是目前世界上最大的机场零售店。在机场候机厅的中央，有大片开放式售货区，各种迪拜土特产、纪念品琳琅满目，物美价廉。迪拜机场有很多中国售货员，所以大可不必担心外语不好。迪拜机场的化妆品免税店内大牌云集，欧莱雅、雅诗兰黛、兰蔻、娇兰、香奈尔、YSL、资生堂、MAC、迪奥、倩碧等等价格都要比国内优惠不少。

（4）金街
（Golden Souk）

德以拉的黄金市场是全球最大的黄金市场，22克拉的印度宝石、18克拉精美的意大利首饰、钻石饰物和串串珍珠在橱窗中熠

熠生辉，人们也因此体会到了迪拜为什么被称作是"黄金之城"。

这一独特的市场已成为一个主要的旅游景点。各种款式的、做工精美的钻石饰品琳琅满目，从简单到复杂的设计风格足以满足不同品味人们的需要。

德以拉塔的地摊市场有精美的地毯供应，产品来自伊朗、阿富汗、巴基斯坦和土耳其，有羊毛也有真丝，价格从几百迪拉姆到几千迪拉姆不等。

（5）香料街
（Spice Souq）

香料街位于金街的隔壁，一条狭窄幽长的小巷，一袋袋敞开的香料整整齐齐地摆在路边，卖香料的小贩都非常热情。据说这里卖的阿拉伯香料除了用于食物调味剂外，当地女性还用它来熏衣服。小贩们会将一个陶瓷小碗

黄金街

香料集市

放在地上，放入木炭、松香、香料粉末，然后用火柴点燃，一会儿工夫，一缕轻烟冉冉上升，房间里充满了一种芬芳而含蓄的香气。然后，再取来一件长衫，悬挂在距离地面约一米的地方，一会儿工夫，衣服上也染上了淡淡的甜香，久久不褪。据说用这种方法熏衣服，只要10分钟就可以将香味保持一周。

露天市场

（6）朱迈拉城市中心商城
（Town Centre，Jumeirah）

该购物中心分为上下两层。购物其中，感觉是在户外的商场行走。它有着宽敞的天窗、晒日台、棕榈树和宁静的瀑布声，所有的一切都令游客仿佛置身于大自然的怀抱中。行走在各大商铺间，您可以看到巴黎画廊、DKNY、NineWest、BateelInternational，和GloriaJeans等各种品牌。该中心还设有各类不同风味的餐厅，以及美式汉堡、羊肉串等各种美食。

朱迈拉海滩中心

（7）朱迈拉露天市场
（Souk Madinat Jumeirah）

朱迈拉露天市场位于一处大型度假胜地中，风格类似传统露天市场，其热情洋溢的氛围让它在零售领域一直保持着领先优势。市场汇集了约 75 家精品店和 20 多家备受推崇的咖啡厅、酒吧和餐厅。零售店里销售杯子、T 恤衫、毛绒玩具和记事本等各类小商品，有销售各种迪拜图片和明信片的 Gallery One 画廊，还有进行各种精彩表演的玛迪娜剧场（Madinat Theatre）。此外，朱迈拉露天市场还拥有全城最好的夜生活场所——Jam Base。

971-4-3668888

每天10:00—23:00

MJinfo@jumeirah.com

http://www.jumeirah.com/souk

Al Sufouh 区朱迈拉海滩路旁，靠近阿拉伯塔

（8）巴基曼购物中心
（Bur Juman Centre）

巴基曼购物中心（Bur Juman Centre）位于迪拜市中心，被标记为时尚潮流与奢华品的汇集地，是购买名牌商品的最佳理想之地。中心营业面积达30万平方英尺，拥有340个经典品牌，其中有卡尔文·克莱恩（Calvin Klein）、D&G、迪赛（Diesel）、爱马仕（Hermes）、

巴基曼购物中心

拉夫·劳伦马球（Polo Ralph Lauren）等著名国际品牌，此外还有一个规模庞大的Saks Fifth Avenue 专卖店。

🕐 周六至周二10:00—22:00，周四10:00—23:00，周五14:00—22:00

🏫 布林迪拜区（Bur Dunbai）

🌐 www.burjuman.com

（9）瓦菲城
（Wafi City）

瓦菲城，是一处集购物、休闲及娱乐的大型综合性场所，建筑古色古香，迪拜最高档的商店皆云集于此。置身瓦菲城，你会发现这里的商品琳琅满目、目不暇接。从传说中瓦菲美食店（Wafi Gourmet）中的山珍海味到 Petals 家饰店中光彩夺目的家居用品，应有尽有。瓦菲城也是众多名牌专卖店的进驻场所，其中包括贝蒂·贝莉（Betty Barclay）、香奈儿（Chanel）、佐丹奴（Giordano）、埃斯卡达（Escada）、罗可巴罗可（Roccobarroco）、范思哲（Versace）等。另外，以阿拉伯传统艺术及手工艺为主题的全新地下商场 Khan Murjan 为瓦菲城平添了一丝魅力。这里的20家餐厅可以满足人们对食物的不同爱好。在瓦菲城的屋顶花园（Rooftop Gardens）还可以看电影和举办音乐之夜。

🕐 周六至周三10:00—22:00，周四至周五10:00—24:00

🏫 乌德梅塔区

🌐 www.wafi.com

瓦菲城

（10）马卡图购物中心
（Mercato Mall）

马卡图购物中心有着各种高档特色商店，包括阿玛尼童装（ArmaniJunior）、芭比娃娃、Damas 珠宝、迪赛牛仔裤（Diesel Jeans）、奇安弗兰科·费雷（Gianfranco Ferre）、Milano、Miss Sixty、Nine West、Massimo Dutti、黛安芬（Triumph）等。

购物中心内设有一座电影院和一家很棒的意式餐厅，名为 Bella Donna。马卡图购物中心的 Fun City 还有专门为孩子们设计的娱乐场地。

🕐 周六至周四10:00—22:00，
周五14:00—22:00

🏖 朱迈拉海滩路

🌐 www.mercatoshoppingmall.com

（11）伊本·巴图塔购物中心
（Ibn Battuta Mall）

伊本·巴图塔购物中心是以

伊本·巴图塔购物中心的中国城

14 世纪的探险家伊本·巴图塔的名字而命名。该购物中心的建筑融合了中东和亚洲的建筑风格，在伊本·巴图塔购物中心购物仿佛在中东和亚洲旅行。该购物中心主要销售西方主流高级品牌商品，但是也不乏一些引人注目的精品店。此外，这里的多数快餐店都值得驻足品尝。

🕐 周日至周三10:00—22:00，
周四至周六10:00—24:00

🏖 杰贝勒阿里花园

伊本·巴图塔购物中心

（12）贝拉黄金露天市场（Gold Souk）

早在20世纪40年代，印度和伊朗的商人陆续来此经营，逐渐形成现在的贝拉黄金露天市场（简称黄金市场）。这里的商铺鳞次栉比，商品琳琅满目，手镯、项链、戒指、钻石、翡翠、红宝石、蓝宝石等饰品陈列在一扇扇橱窗中，显现出珠光宝气、尊贵奢华不凡的气质。值得提到的是，这里的商品价格公道合理，可以尽情砍价，具有很大的吸引力，因此成为黄金珠宝爱好者的天堂，也成为了中东最炙手可热的旅游景点之一。需要提醒的是，黄金行情不是可以随意砍价的，按每日国际黄金交易价格标准，因此能真正讲价的只是工

贝拉黄金露天市场

艺。虽然贝拉黄金露天市场的安保十分严格，但是偷窃事件也是个问题，因此在购物中应小心保管个人财物。

🕐 周六至周四10:00—22:00，
周五 16:00—22:00

📍 贝拉区 Sikkat Al-Khail 路周围

（13）迪拜节日城节日中心（Dubai Festival City — Festival Centre）

矗立在迪拜河Garhoud岸边的节日中心（Festival Centre）是迪拜领先的零售与娱乐中心。商场内有600多家店铺，其中包括25个国际品牌的旗舰店、100多间餐厅、咖啡店和酒吧。商场里的Skywalk Entertainment 娱乐中心设有可同时放映14部电影的大型复合影院，拥有各式电玩设备和保龄球馆等设施。该中心的核心理念就是让大量国际时尚精品店、各大著名品牌，以及不拘一格的各式商店与服务汇聚于此。每到用餐时间，露天用餐区便会成为每天的靓丽风景。迪拜节日中

琳琅满目的黄金首饰

迪拜节日城节日中心

心同样也是消磨夜晚的理想去处
——设施气势恢弘，美酒佳肴应
接不暇，它也是一处无可挑剔的
演唱会场地。

🕐 周日至周三10:00—22:00，
周四至周六10:00—24:00。

😊 节日城

@ www.dubaifestivalcity.com

（14）迪拜珠宝城
（Gold and Diamond City）

珠宝城是迪拜首屈一指的珠
宝市场，销售各种黄金、钻石
和其他贵重金属制成的珠宝首
饰。因为珠宝城稍显偏僻，不像
迪拜的其他购物区那样拥挤，所
以，在这里有可能淘到真正物美
价廉的商品。迪拜珠宝城中的
Cara Jewellers 珠宝店的价位、
产品质量和服务最有名。店面后
身也是一个复制、修理珠宝的好
去处。

🕐 周六至周四 10:00 —22:00，
周五 16:00—22:00

😊 谢赫扎耶德路 4 号交叉路口

迪拜珠宝城

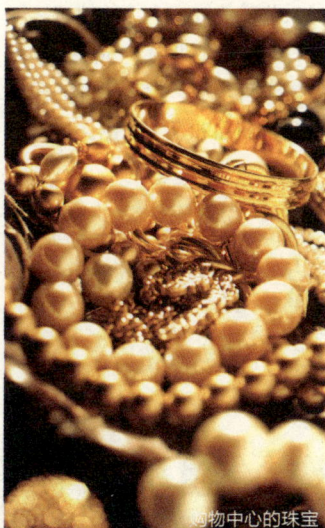
购物中心的珠宝

（15）中央市场
（Central Market）

中央市场也称沙迦蓝色市场，是一个主要的地毯销售市场。一楼挤满了数不胜数的毛毯、地毯供应商，如果会讨价还价，你能买到一些很划算的商品。Al Mashi Carpets 的老板乔治和默罕默德给顾客的报价绝对诚实可信，因此颇受大家欢迎和信赖。

🌙 周六至周四10:00—13:00、16:00—22:00

🌙 沙迦海滨大道尽头，靠近咸水湖

（16）地球村
（Globe Village）

迪拜地球村 1996 年时还不过是迪拜河边一处出售世界各地产品的摊贩聚集地，现在却已发展成为最为吸引人流的地方。地球村的中心地带设有 40 多个国家的大型场馆，出售各地的民族食品、商品和手工艺品。这里汇

地球村

集了众多货真价实的珍宝，如中国优质棉织品、叙利亚的坚果、也门的蜂蜜、伊朗的地毯、印度的纺织品和摩洛哥的家具等。鳞次栉比的摊位、琳琅满目的商品、乐趣无穷的游艺设施，以及多姿多彩的音乐、歌舞和戏曲表演，共同营造出浓郁的狂欢节气氛。

🌙 随季节变化

🌙 Al Quoz 区向内陆方向的阿联首路（Emirates Road），靠近阿拉伯牧场（Arabian Ranches）

地球村

地毯商店

（17）波斯地毯屋
（Persian Carpet House）

波斯地毯久负盛名，这里可以买到迪拜最传统和最新式的波斯地毯。波斯地毯屋约有 20 家分店，遍布阿联酋，种类非常丰富，是在迪拜买地毯的一个推荐地点。在波斯地毯屋购买地毯一样可以砍价。

🕐 周六至周四 9:00—23:00，周五 14:00 —23:00

🏠 谢赫扎耶德路假日中心

（18）露天集市

通过逛酋长国的集市，探索阿拉伯之夜的辉煌。这里有各类多汁的枣子、香草和香料、木雕、Dallah、阿拉伯咖啡壶、古银弯匕首（khanjars）、传统匕首、念珠、滑石雕刻饰品盒、大理石高脚杯、古董银饰、黄铜制品和古董银制品等商品。在迪拜的集市里，游客可以买到真正的纪念品。

露天集市

（19）德以拉城市中心
（Deira City Centre）

作为迪拜最早的购物中心之一，德以拉城市中心重新为购物商场改变了定义，拥有从单纯的购物区到全方位的生活休闲目的地的全套设施。该购物中心拥有120万平方英尺的零售面积，还有保龄球中心和11幕剧院，以及备受好评的魔幻星球。乘坐迪拜地铁红线可以方便的抵达这里。

@ www.deiracitycentre.com

德以拉城市中心

（20）龙城
（Dragon Mart）

坐落于国际城绵延1.2千米处，占地15万平方米的龙城外形酷似一条龙，是中国大陆外最大的中国商品贸易中心。拥有将近4000个店铺，出售从家具、文具、电子产品、家用产品、玩具、工具、服装、布料到珠宝等各色商品。

@ www.dragonmart.ae

龙城庆典

（21）迪拜海滨购物中心（Dubaimarina Mall）

在迪拜海滨购物中心可以俯瞰港口的美景。该购物中的店铺超过150家，包括各类潮流的精品时装、海滨餐馆，以及一座电影院和一个儿童娱乐中心。

@ www.dubaimarinamall.com

迪拜海滨购物中心

（22）魔术星球（Magic Planet）

如果您带着孩子在阿联酋购物中心逛累了，可以到阿联酋购物中心内的"魔术星球"玩一玩。那里是一个激动人心的儿童游乐中心，内设有保龄球道，各种电动游戏，主题激动游戏以及一个迷你高尔夫球场。"魔术星球"设有新潮的游乐设施，可供孩子们及童心未泯的成人一同玩乐。当中的游戏包括Robo Coaster一项全新的刺激机械驾乘，Equinox25座位的旋转摇摆车，Rockin' Tug和Flying Tigers合家欢的游乐车以及两个为摩托车爱好者提供的赛事平台（Hexatech Racing Simulation Platforms）。

📞 9714-4-3414444

（23）家乐福（Carrefour）

作为零售业巨头之一的家乐福在阿联酋购物中心内也设立了其连锁店，在这里您可以买到便宜的椰枣，阿拉伯咖啡，茶叶以及巧克力等一系列当地或者阿拉伯的特产，作为馈赠亲朋好友的礼物，为您的旅游购物提供了便利。

温馨提示：超市接受迪拉姆，美金及信用卡消费。

📞 9714-4-4094899

（24）拉姆希广场（Lamcy）

欢乐而经济的Lamcy广场融合了本地、地区和国际各类品牌的商品。广场中150家店铺售卖各种服装、饰品、玩具、电子产品、家用产品、珠宝和手表，等等。当父母们逛Nine West、Springfield和其他商店时，他们可以把孩子托放在Lamcy's游乐和探险中心，受FunCity职员的小心看护。

@ www.lamcyplaza.com

（25）米尔蒂夫城市中心（Mirdiff）

虽然Mirdiff城市中心是一个大型商场，提供全方位的购物和休闲体验，但它仍然保留了社区环境的氛围。它为购物者提供各色零售、餐饮和娱乐选择。本地和国际品牌都设有店铺：Pottery Barn、Miss Selfridge、Freedom Furniture和Decathon等，另外，Mirdiff城市中心还有多姿多彩的娱乐设施以适合儿童的水上活动和室内跳伞，还有适合幼儿的有趣的寓教于乐的项目，并设有一个12道的保龄球中心和一个电影院。

- 📠 971-4-2949999
- 🕐 周日至周三10:00—22:00，周四至周六 10:00—24:00
- ✉️ infodesk@mafgroup.ae
- 🌐 http://www.mirdiffcitycentre.info/

（26）瑞夫购物中心（Reef Mall ）

Reef Mall购物中心位于德以拉区，从家具到物美价廉的时装品牌，包括Home Centre、Splash、Bossini、G2000、Nine West和Aldo Accessories 等。

- 🌐 www.reefmall.com

（27）阿布海勒商场（Abu Hail Shopping Centre）

出售的绝大部分是各种面料传统的阿拉伯女装，商场的周围是一些名胜古迹。特别是这里有一些香水商店以合理的价格出售香气迷人的香水，而且有一个你可以把玩具装满你的靴子、衣服和其他与婴儿有关的设备的婴幼儿商店。

- 📠 971-4-2669600

- 📠 971-4-2651783
- 🕐 周六至周四9:00—13:00，16:00—22:00；周五16:00—22:00
- ✉️ khureshbabu.v@gmail.com

（28）布斯坦购物中心（Al Bustan Centre）

高档的住宅、购物和娱乐其中还混合着640套豪华套房，在阿拉伯联合酋长国有一个有超过80个出售点和最大的室内娱乐拱形游廊的综合性购物商场。

- 📠 971-4-2630000
- 📠 971-4-2630005
- 🕐 周六至周四10:00—22:00，周五16:00—22:00
- ✉️ albustan@emirates.net.ae
- 🌐 http://www.al-bustan.com

（29）济耶法购物中心（Al Dhiyafah Centre）

坐落于萨特瓦（Satwa）环状交叉路口的小型购物中心，对面是包含有咖啡馆和服装裁剪店的雷吉斯广场酒店

- 📠 971-4-3454955
- 📠 971-4-3448000
- 🕐 周六至周四9:00—13:30、16:00—23:00，周五16:00—23:00
- ✉️ albustan@emirates.net.ae
- 🌐 http://www.al-bustan.com

（30）古赖尔购物中心（Al Ghurair Centre ）

在中东地区，作为先锋混合用途开发项目，古赖尔把家庭购

物、雅致的住宅公寓和商业办公室天衣无缝的结合在一起。购物者可以亲自购买到从零售品牌到时尚的家庭装饰品，从配件到珠宝，还有各种各样的美味佳肴，其中还有8个电影院和一个儿童游乐园。

- 📖 971-4-2225222 / 2055309
- 🦐 971-4-2289028
- 🕐 周六至周四10:00—22:00，周五14:00—22:00
- ✉ infoagc@al-ghurair.com
- @ http://www.alghuraircity.com

古赖尔购物中心

（31）哈纳购物中心
（Al Hana Centre）

- 📖 971-4-3981777
- ✉ alhana@emirates.net.ae

（32）海利季购物中心
（Al Khaleej Centre）

坐落于一个有名的优雅和方便的位置，海利季购物中心是一个独特的、令人满意的地方，该中心提供了一个购物、商业和住宅设施齐全保证给你留下深深的印象。

- 📖 971-4-3555550
- 🦐 971-4-3558635
- ✉ khaleejc@emirates.net.ae
- @ http://alkhaleejcentre.com/
- 🕐 周六至周五10:00—22:00

（33）马纳勒购物中心
（Al Manal Centre）

马纳勒购物中心最有名的就是提供优质的纺织品。在它的97个商店里你还可以买到时尚、休闲或运动服饰，还有香水、化妆品、手表、珠宝、纺织品、内衣或者其它更多的东西。

- 📖 971-4-2277701
- 🦐 971-4-2287425
- 🕐 周六至周四9:30—13:00、16:30—22:30，周五16:30—22:30
- ✉ tomanal@emirates.net.ae

（34）马扎亚购物中心
（Mazaya Centre）

- 📖 971-4-3438333
- 🕐 周六至周四10:00—13:30、16:30—10:00；周五 16:30—20:00
- ✉ mazaya@emirates.net.ae
- @ http://www.mazayacentre.com/

（35）穆拉购物中心
（Al Mulla Plaza）

该购物商场以新的面貌呈现在大家面前。最近，购物中心进行了全面的内部装修，橱窗陈设、地板等。商场还有一个代表伴随着21世纪精神的新的喷泉。

- 📖 971-4-2988999

📞 971－4－2988438

🕐 周六至周四10:00—13:00、16:30—22:30，周五17:00—23:00

📧 almplaza@almulla.com

@ www.almulla.com

（36）赖斯购物中心
（Al Rais Centre）

莱斯购物中心位于Al Rolla街和Al Mankhool路和商店、住宅区，包括艾尔·莱斯集团的交叉路口。

📞 971－4－352 7755

📞 971－4－352—6375

🕐 周五至周三8:00—12:30、16:30—19:00，周四8:00—12:30、16:00—18:00

📧 alraisct@emirates.net.ae

（37）海滩公园购物中心
（Beach Park Plaza Centre）

海滩公园购物中心提供给顾客一个不寻常的就餐体验，更给朱迈拉居民和住在附近海滩酒店的游客提供了方便。这里有超过20个购物点、服务设施、电脑游戏区，并代客泊车，对于那些寻找乐趣和晚上放松的朋友和家人来讲，海滩公园广场中心是一个理想的地方。

📞 971－4— 3428 060

📞 971－4— 3428 070

🕐 周一至周五7:00—12:30，周六至周日6:30—2:00

📧 info@beachparkplaza.com

@ www.beachparkplaza.com

海滩购物中心特色烧烤

海滩购物中心大厅

（38）本苏杰特购物中心
（Bin Sougat Shopping Centre）

于2000年开业，购物中心遍布两层楼并且提供给购物者地下和室外停车场。它占地2.4万平方米，有小的自助售货商店、零售店、美食街和一个儿童游乐场。

📞 971－4－2863000

📧 mbs@binsougatcenter.com

@ www.binsougatcenter.com

🌙 Al Khawaneej Road, Al Rashidiya, Dubai, United Arab Emirates

（39）布尔朱曼购物中心
（BurJuman Centre）

高档时尚的布尔朱曼购物中心闪耀在你的眼前。这里有世界顶级品牌路易威登、迪奥、爱马仕、华伦天奴、Emanel Ungaro、洛伊、艾特罗、卡地亚、梵克雅宝、卡瓦利等等。

📞 971－4－3520222

🕐 周六至周四10:00—22:00，周五14:00—22:00

📧 info@burjuman.com

@ http://www.burjuman.com

（40）世纪购物中心
（Century Mall）

该购物商场包括家乐福超市、10个美食区，还有一个拥有很多先进设施和800个停车位的娱乐中心。

- 971-4-2966337
- century9@eim.ae
- www.safeergroup.com/centurymall.asp

（41）达纳购物中心
（Dana Plaza）

- 971-2-6651333

（42）迪拉购物中心
（Deira City Centre）

无论你是不是迪拜的居民，一个周末的间歇或者是享受两周的假日，在德伊勒市中心有超过300家华丽的商店提供给你，足够你来选择，餐厅、快餐直销、儿童娱乐中心、索菲特大酒店、珠宝店、阿拉伯风格家居、古玩、礼品、地毯、纺织厂提供的排列成行的最新款的纤维织物。

- 971-4-2954545
- dcc@deiracitycentre.com
- http://www.deiracitycentre.com

迪拉购物中心

周六至周四10:00—22:00，周五14:00—22:00

（43）沙丘购物中心
（Dune Centre）

自从在1994年开业以来，沙丘中心（通常被称为粉红大厦）在Al Diyafah一直是一个人们关注的焦点。

- 971-4-3247222
- mkm@wafi.com
- www.wafigroup.com
- 周六至周四10:00—22:00，周五16:00—22:00
- Al Diyafah Street, Dubai, United Arab Emirates

（44）阿联酋双塔大道购物中心
（Emirates Towers Boulevard）

阿联酋双塔大道购物中心坐落于朱迈拉大酒店和阿联酋古塔之间，大道购物中心是一个两层楼的中心平台，1.3万平方米，50个高端零售店。

- 971-4-3198999
- jetemo@jumeirah.com
- www.boulevarddubai.com
- 每天10:00—22:00，周五4:00—22:00
- Emirates Towers, Sheikh Zayed Road, Trade Center 2, Dubai, United Arab Emirates

（45）朱迈拉购物中心
（Jumeirah Plaza）

朱迈拉广场也被称为粉红商

场。这是一个中型家庭购物中心，里面有玻璃前厅、层叠喷泉、奇异的鱼和丰富的热带植被

📧 971-4-3497111

🕐 周六至周四9:30—13:00、10:00—20:00，周五17:00—21:30

✉ parklane@emirates.net.ae

（46）绿洲购物中心（Oasis Centre）

对生活在迪拜的人们来讲，绿洲购物中心的确是一个舒适、方便的好地方。它有4个层次的零售空间，总计大约600000平方米。在迪拜游很多购物和家庭休闲的标志。它包括家庭用品商店、娱乐城、美食城等等。

📧 971-4-5154000

🕐 周四至周六10:00—12:00，周日至周三10:00—22:00

✉ customerserviceoasis@cplmg.com

@ http://www.oasiscentremall.com/english/index.html

（47）棕榈岛购物中心（Palm Strip Shopping Mall）

有设计师设计的商店、美容院、美食店和咖啡馆等，你将有很多选择，到处都有露天平台、棕带，还有神秘的比佛利山庄和传统的阿拉伯半岛，朱迈拉大清真寺周围的环境会使你感到非常轻松和不同寻常。在寒冷的夜晚和冬季购物商场就特别的耀眼。

📧 971-4-2249222

🕐 周六至周四10:00—22:00，

周五13:30—22:00

✉ info@dipllc.ae

（48）里夫购物中心（Reef Mall）

它的的设计为您提供理想的购物体验。所有您喜爱的销售点都分布在一个地方，这个地方既空灵和时尚。这里漂亮的内饰会吸引你去悠闲的走走，然后去寻找你喜欢的美味食物和必需品。家居用品、时髦的衣服、鞋子、小精品或一个可以带着孩子玩的地方，这些你都可以找到。

🕐 周六至周四10:00—22:00，周五14:00—22:00

📧 971-4-2242240

@ http://www.reefmall.com

🏢 Salahuddin Road, Deira, Dubai, UAE

里夫购物中心

（49）购物村商场（The Village Mall）

这个商场是一个混合的商店，它有高端时尚的品牌和设计产品，如Aysha、Depala、Candella等等，还有家庭备用店和呈U字形弯曲的走廊和沙滩服装店等。

📠 971-4-3494444

🕐 周六至周四10：00—22：00，
周五14：00—22：00

📧 enquiries@thevillagedubai.com

🌐 www.thevillagedubai.com

（50）朱迈拉城市购物中心
（Town Centre Jumeirah）

朱迈拉城市购物中心坐落在迪拜最著名的一所住宅区——朱迈拉的中心，购物中心为了顾客提供了一个完全无压力的购物环境。购物中心内有40多个的网点，配套服务设施和方便的地下停车场。

📠 971-4-3440111

🕐 周六至周四10：00—22：00，
周五14：00—22：00

📧 management@mercatotowncentre.com

🌐 http://www.towncentrejumeirah.com

（51）瓦尔巴购物中心
（Warba Centre）

📠 971-4—2666376

📧 mahmoud_sherif@yahoo.com

（52）时代广场购物中心
（Times Square Centre）

时代广场购物中心是迪拜最新的以社区为定向的商业区。从家具、陶器、亚麻布等一直到最大的电子商店，应有尽有。你一定会找到你所喜欢的适合你的商品。

📠 971-4-3418020

🌐 http://www.timessquarecenter.ae/

📍 Sheikh Zayed Road, At 3/4th Interchange，Dubai, United Arab Emirates

（53）巴哈尔集市
（Souk Al Bahar）

巴哈尔集市是一种装饰有蔓藤花纹的大型购物中心，位于有名的迪拜塔的中心，在老城区的岛上。巴哈尔集市有超过130家的零售商店，包括25个餐馆、咖啡馆和很多带有海滨长廊的露天市场。可以品味美味的佳肴和精致的咖啡。

📠 971-4-3477788

🕐 周六至周四10：00—20：00，
周五14：00—20：00

📧 emaarmalls@emaar.ae

🌐 www.soukalbahar.ae

（54）迪拜奥特莱斯商场
（Dubai Outlet Mall）

迪拜奥特莱斯商场是唯一的"出口"购物商场，里面有超过800家全球高档和顶尖的时尚品牌店。这个商场是一个真正价值的零售目的地，你可以在240家店铺里抢购到3~9折的大多数产品。

📠 971-4-4234666

🕐 周日至周三10：00—22：00，
周四至周六10：00—14：00

📧 info@dubaioutletmall.com

🌐 http://www.dubaioutletmall.com

（55）阿拉伯购物娱乐中心
（Arabian Centre）

阿拉伯购物娱乐中心是200家联合国际知名品牌的零售店，

从服装到家居用品，电子产品，珠宝，香水，流行配件，玩具和游戏等一应俱全。商场还设有一个巨大的超市，可满足购物者日常需要和各式各样的特殊需求。

📱 971-4-2845555

🕐 周日至周三10:00—22:30，周四至周六 10:00—24:00

📧 arabian.info@lalsgroup.com

🌐 www.arabiancenter.ae

（56）庆典购物中心

庆典购物中心位于迪拜河畔，2009年3月在这里举行了庆典购物中心"两周年"纪念日活动，为400多个世界级的零售店、60家餐馆、咖啡馆和小餐馆，提供了展台，停车场上停有10000多辆的汽车。它还拥有一个迷人的码头和一些酋长国最著名的拍摄日落的景色照片。

📱 971-4-2325444

🕐 周六至周五10:00—24:00

📧 concierge@festivalcentre.com

🌐 http://www.festivalcentre.com

（57）沙迦火车头市场

火车头市场位于沙迦酋长国，该市场的外立面建筑材料颜色蓝白相间，美丽的花纹点缀其中，极具阿拉伯特色。该市场形如其名，外形酷似两个火车头，其寓意是通过这个"火车头"能将沙迦人带向一条繁荣昌盛的幸福大道。

火车头市场上下两层，分为左右两个建筑，中间一段有长廊衔接，一边卖金银珠宝，一边卖手工艺品和其他杂物。

可购买商品的种类多，挑选商品的余地大。

价格便宜。往往比迪拜更有优势，但这还要看您的杀价水平。

火车头市场出售的工艺品、纪念品非常具有民族特色，是您给朋友选择礼物的理想选择。

温馨提示：到这里来购物，千万别忘记杀价。

沙迦火车头市场

图书在版编目（CIP）数据

阿拉伯联合酋长国/《中国公民出游宝典》编委会
编著. —北京：测绘出版社，2014.1
（中国公民出游宝典）
ISBN 978–7–5030–3210–3

Ⅰ.①阿… Ⅱ.①中… Ⅲ.①旅游指南 – 阿拉伯联合
酋长国 Ⅳ.①K938.79

中国版本图书馆CIP数据核字（2013）第207824号

人文地理作者：杨伟国　王雁芬

总 策 划：赵　强
责任编辑：赵　强
执行编辑：刘淑英
地图编辑：刘淑英
责任印制：陈　超
装帧设计：锋尚设计

出版发行	测绘出版社	电　话	010–83543956（发行部）
地　址	北京市西城区三里河路50号		010–68531609（门市部）
邮政编码	100045		010–68531363（编辑部）
电子信箱	smp@sinomaps.com	网　址	www.chinasmp.com
印　刷	北京新华印刷有限公司	经　销	新华书店
成品规格	125mm×210mm	印　张	7.625
字　数	170千字	版　次	2014年1月第1版
印　次	2014年1月第1次印刷	定　价	42.00元
书　号	ISBN 978–7–5030–3210–3/K·392		
审 图 号	GS（2013）1918号		